O DESPERTAR

Trilogia Sinais dos Tempos

Volume II

O DESPERTAR

Trilogia Sinais dos Tempos

Volume II

José B. Cavalcante de O. Maia

Pelo espírito

Maria Zilda

DADOS DESTA OBRA:

Título: **O DESPERTAR**

Edição Independente

Ano: 2012

Segundo volume da trilogia "Sinais dos Tempos"

Produção da versão digital: Simplíssimo Livros

Foto da capa: Márcio Ávila

Foto do Autor: Gugu Garcia

Edição e Revisão ortográfica: Renata Pelizzaro

Autor: José B. Cavalcante de O. Maia

Pelo espírito: Maria Zilda

Contato com o autor: jmaia77@hotmail.com (MSN, facebook)

Direitos autorais reservados. Proibida reprodução parcial ou total através de qualquer forma, meio ou processo eletrônico, sem prévia e expressa autorização do autor.

FICHA CATALOGRÁFICA

Zilda, Maria (Espírito)

Z69s   Sinais dos Tempos: o despertar / Ditado pelo espírito de Maria Zilda: psicografia de José Cavalcante de Oliveira Maia. – Lages: Grafine, 2012. 138p.

ISBN: 978-85-89848-63-3

1.   Obras psicografadas. 2. Espiritismo. I. Maia José Cavalcante de Oliveira. II. Título

CDD 133.93

(Elaborada pelo Bibliotecário José Francisco da Silva CRB-14/570)

DEDICATÓRIA:

À minha amada esposa, Renata e à nossa filha maravilhosa, Laura, o nosso sonho em pessoa.

SUMÁRIO

PREFÁCIO

A espiritualidade superior utiliza as mais diversas formas para unir espíritos afins e agira contra as investidas das sombras.

O segundo volume da Trilogia Sinais dos Tempos, descreve o interessante encontro de dois jovens arquitetado pelo plano espiritual: a talentosa investigadora crimina que cultiva os valiosos ensinamentos e princípios éticos deixados por seu pai, e um médium em conflito com a sua rara e contida mediunidade, a Psicometria. O dom de ler a aura dos objetos e conhecer assim a história que os envolve, permitindo descortinar o passado e a verdade sobre muitos fatos intrigantes. O que, a partir desse encontro, passa a ser um instrumento fundamental para o bem de toda a humanidade.

A interferência do chamado Clã das Serpentes Vermelhas, no controle mental dos governantes, lideranças, pesquisadores e cientistas, bem como a influencia na vida de pessoas comuns que se afastam de Deus alimentando suas mazelas interiores, demonstra a tentativa desesperada de dominar a vida extrafísica.

Mas não podemos esquecer que o nosso espírito é eterno, e ilusório é o pensamento de que é possível burlar as leis reencarnatórias e evolutivas, pois somente através delas podemos crescer e galgar planos mais elevados. A reencarnação é um processo educativo e não punitivo, mesmo nos caos mais extremos, como os relatados nesta obra.

Eliete Moraes Santana

Dirigente Espírita

01 O CHAMADO

Gustavo aguardava ansiosamente o início da reunião que fora marcada de última hora e começaria dentro de alguns minutos. Permaneceu de pé, ao lado da porta de acesso ao grande salão branco do Centro Espírita Sol Maior. Aos poucos os assentos foram sendo ocupados e ele observava os inúmeros trabalhadores da seara espírita que chegavam ao local, compostos das mais diversas faixas etárias.

Ele contemplava consigo mesmo a maravilhosa e constante renovação que ocorria no Espiritismo. Pensava que cada vez mais os jovens estavam interessados nos assuntos que envolviam a instigante vida além da vida. Muitos não mais permaneciam passivos apenas às literaturas doutrinárias e textos romanceados, a juventude estava, literalmente, colocando as mãos à obra e se dedicando às atividades de espiritualização. Isso ocorria nas mais variadas formas de caridade, fossem elas mediúnicas ou de auxílio assistencialista e humanitário, como os famosos "sopões". Atos de bondade alegram qualquer coração!

Por ser uma consciência liberta do corpo físico e em constante aprendizado, Gustavo podia analisar com clareza as situações que eram vivenciadas nos dois planos da existência: o nível físico, visível à maioria das pessoas e também ao plano extracorpóreo, invisível aos olhos comuns, no entanto, parcialmente visualizado por médiuns clarividentes e sensitivos.

Sua atenção direcionou-se ao mentor espiritual daquela instituição fraterna, Ângelus, que acabava de chegar ao recinto, acompanhando o renomado médium Francisco, cujo teor do assunto a ser tratado era de suma importância. Pensava: "do que se trataria aquela conferência?". Pelo visto, nem os encarnados e nem os espíritos que davam sustentação extrafísica estavam completamente a par do tema a ser tratado.

Neste momento, sua concentração foi dispersada por um longo abraço de surpresa. Quando percebeu o que estava acontecendo, já estava sorrindo largamente ao amigo Nellys, que sem perda de tempo falou:

- Gustavo, meu bom amigo de aventuras do plano espiritual, você acha que eu o abandonaria nesta nova empreitada que nos aguarda? Jamais, meu amigo!

Com um olhar expressivo, conteve maiores explicações, por conhecer intimamente a infinita curiosidade do amigo. Ouviu a pergunta que já esperava que lhe fizesse.

- Mas do que se trata esta conversa urgente, na qual foram convocados os principais dirigentes e alguns outros médiuns voluntários?

Gustavo percebeu na face de Nellys que ele sabia de algo mais, todavia, o sorriso silencioso do companheiro o fez exercitar por mais alguns instantes a árdua tarefa de conter seu ímpeto por respostas imediatas.

Ângelus direcionava potentes ondas de vibração energética e confortante a todos que lá estavam e, gradativamente, envolvia um a um com sua já conhecida compaixão pela humanidade. Uma sensação de conforto e leve perfume de flores campestres foram se espalhando por todo o salão. Cada um dos presentes pôde absorver as boas e salutares energias emanadas da aura do celestial benfeitor, que em oração expandiu intensas ondas de amor aos quatro cantos.

Em um tom baixinho de voz, Nellys instigou Gustavo ao perguntar o que ele esperava daquela inusitada reunião, mas antes mesmo de obter uma resposta, completou pedindo para que ele observasse, com muita atenção, todos os que estavam ali reunidos, especialmente os encarnados.

Disse Gustavo:

- Bem, reconheço a Clarisse, médium de incorporação, a qual facilmente percebo que entregou-se de corpo e alma à causa espírita. Também consigo ver claramente que a sua aura está cada vez mais sutil, reflexo das boas atitudes e dos pensamentos positivos que ela adotou.

Gustavo continuou a olhar ao redor buscando mais alguém que pudesse se destacar e observou o senhor Manoel, o novo presidente da casa espírita, homem de boa índole.

Completou dizendo que recentemente estivera na casa dele realizando orações pela esposa que estava doente e desencarnou há pouco.

Via também diversos jovens aprendizes, ávidos por conhecimentos, um bom número de passistas e doutrinadores espalhados no salão, alguns outros reunidos em um grupinho em pé, antes de adentrar no ambiente, comentando entre si sobre qual seria o motivo daquela urgência toda. Podia-se notar que alguns estavam sentindo-se irritados, pois tiveram que deixar os compromissos que julgavam ser mais importantes, tais como uma "sinuquinha" de fim de tarde.

Continuou Gustavo:

- Fora o descaso destes últimos, nada mais que me chame muito a atenção.

- Vejo que você precisa exercitar um pouco mais sua visão psíquica extracorpórea - comentou Nellys em suave brincadeira, e prosseguiu - Gustavo, está vendo aquele rapaz sentado na penúltima fileira, lá no outro canto da sala?

- Sim, estou. O que tem ele?

- Repare na atípica luminosidade que o envolve.

Esforçando-se para definir melhor o que Nellys estava vendo com clareza, Gustavo pôde descrever os tons cor bronze que rodeavam o garoto, assim como também notou que, principalmente ao redor das mãos dele, haviam tons sobre tons de bronze, como se as mãos do rapaz tivessem uma aura à parte do resto do corpo. Ora as cores tendiam a uma tonalidade dourada, outras à lilás. Pensou que pudesse ser energia acumulada e precipitadamente julgou-o como um passista que necessita doar energias.

Nellys intercedeu em auxílio do amigo, explicando superficialmente o que acontecia com o rapaz.

- Ele é possuidor de um dom raríssimo. Aquele jovem está passando por um momento decisivo em sua vida, não foi ao acaso que ele foi conduzido pela espiritualidade até aqui. Ele não é um trabalhador espírita assíduo, vez ou outra ele vem até aqui para tomar um passe e logo vai embora. Porém, hoje será crucial para o futuro dele e de muitos outros pelos quais ele pode interceder.

Gustavo olhou ao amigo demonstrando um pouco de indignação com a resposta recebida, pois ele ficou ainda mais curioso para saber do que se tratava o assunto, apenas recebeu outro sorriso e um abraço fraternal do companheiro Nellys, que conhecia profundamente o seu ímpeto investigativo. Ambos se entreolharam e logo ouviram atenciosamente a voz tranquila do médium Francisco agradecer a presença de todos, antes mesmo de se posicionar na tribuna, que ficava levemente elevada na frente do salão. Ele acomodou-se de tal forma que pudesse ser ouvido por todos e principalmente onde conseguisse ter uma visão ampla de todo o local e das pessoas que o assistiam.

Francisco iniciou a conversa, falando:

- Confrades espíritas, hoje recebi algumas incumbências do Mundo Maior que precisam ser repassadas a todos que aqui compareceram. O início da mensagem ressalta que muitos são os chamados, porém, poucos são os escolhidos. Às vezes, pouquíssimos aceitam as missões que a espiritualidade superior determina que sejam cumpridas aqui na Terra. Mas graças ao nosso bom Deus, existem espíritos e pessoas abnegadas que rumam em direção à luz com determinação incansável e são capazes de superar todo e qualquer obstáculo pelo bem de todos nós. Estes são os obreiros sinceros, que não se vangloriam e alardeiam ao mundo suas façanhas benignas. A autêntica caridade não se autopromove, é silenciosa e realmente verdadeira.

A abertura serviu como uma luva perfeitamente encaixada aos imprudentes que contam vantagens de sua mediunidade. Muitos destes nem sequer haviam lido as obras básicas da Doutrina Espírita, o alicerce principal de todos aqueles que se dizem trabalhadores mediúnicos. O médium havia feito uma leve pausa, enquanto alisava os cabelos grisalhos, ciente da gravidade do assunto em questão, que o levara até aquele centro espírita. Concentrado, como se estivesse em transe, rogou aos espíritos mentores que o auxiliassem naquela tarefa. Tranquilamente prosseguiu:

- Estamos passando por momentos de grande transformação planetária. Atualmente, todos nós acompanhamos os noticiários reportando as mais mirabolantes tragédias, inúmeras catástrofes naturais, ápice da violência gratuita nas grandes cidades, secas em regiões férteis, enchentes em áreas altamente povoadas, descaso das autoridades públicas de toda espécie. Isso está ocorrendo no mundo afora, não é algo exclusivo do Brasil, o suposto terceiro mundo, como muitos brasileiros costumam julgar, desprezando a própria terra natal que os acolheu em seu seio esplêndido. As correntes de pensamentos negativos que são produzidas e transmitidas por muitos meios televisivos e escritos, induzem as pessoas menos preparadas moral e espiritualmente ao pânico.

"Todos aproveitam para vender o *fim dos tempos*, assim podem justificar os inúmeros excessos que levam o corpo físico aos extremos, como o uso de drogas e o abuso da sexualidade prematuramente. Buscam desculpas de que tudo vai acabar para ultrapassar os limites dos prazeres físicos descomedidos. Apenas nos revelam a imensidade de espíritos encarnados e desencarnados que insistem em permanecer aprisionados nas teias da inferioridade evolutiva, revivendo tempos passados, em que o ser humano não possuía nada além dos instintos. Abram bem os olhos e os ouvidos para os ensinamentos do Cordeiro, pois estamos definitivamente na era do pensamento consciente, todo ato tem sua consequência. Confrades, aqueles que ainda negam o Cristo, meramente insistem em alimentar a própria fuga psicológica para não enfrentar o verdadeiro fim dos tempos, que é a moralização definitiva dos costumes. Portanto, aqueles que não mais se enquadrarem nos preceitos Crísticos, não reencarnarão mais em nosso orbe. Este é o fato!".

Novamente fez uma curta pausa, no intuito de que todos pudessem absorver melhor o que ele lhes dissera. Após os instantes de reflexão, Francisco voltou a enfatizar:

- Ressalvo, que os rumores da proximidade do fim do mundo, muito comentado graças à previsão do povo Maia, está sendo distorcida por motivos comerciais e até mesmo por interesses nefastos, a fim de causar medo na coletividade. Exortam matérias produzidas por pseudossábios, que buscam o sensacionalismo do momento para a autopromoção. Eu tenho repetido inúmeras vezes essa conversa nos centros espíritas onde palestro, que as mudanças radicais que devem ocorrer são estritamente morais. É chegado o fim dos tempos das injustiças, desavenças étnicas, atritos entre irmãos, disputas territoriais baseadas no interesse petrolífero e de exploração das riquezas minerais das nações amigas. A história comprova que os conquistadores atingiram o auge da ganância antes do inevitável declínio. No entanto, a queda pode ser mais dura do que pode parecer. Aqueles que permanecerem atados ao primitivismo psíquico, renascerão em um planeta tipicamente animalizado, e tenho plena certeza de que ninguém aqui gostaria de ter uma nova morada em um local desses, não é verdade? Perguntou em tom de brincadeira, o que provocou sorrisos da plateia. Antes de dar continuidade, Francisco buscava identificar entre os ouvintes aquele que fora designado para dar um recado em particular de suma relevância. Ao mesmo tempo que se tornava mais íntima a sua ligação com os mentores da tarefa, ele podia sentir a vibração emanada de cada um dos presentes. Avançou no assunto:

- É importante termos em mente resoluções firmes a respeito das nossas próprias condutas diárias, visando sempre o bem. Na dúvida, escolha sempre o caminho do bem, aquele que não seja prejudicial a ninguém. Muitos aqui podem até estar pensando que este tema já está cansativo demais, mas nem todos praticam aquilo que sai dos próprios lábios, as palavras vazias são perigosas porque não conseguem atingir o interior de quem está necessitado da caridade falada, da palavra honesta que orienta o melhor caminho a seguir. Estes que julgam conhecer todas as verdades do universo não precisam mais viver em ilusões; optem por dar e ouvir um conselho benéfico, quem sabe, ler uma boa obra literária que traga alento ao espírito, é bem melhor do que perder tempo com futilidades televisivas.

Gustavo pôde notar que algumas pessoas ficaram um pouco ruborizadas, de certo as palavras diretas do médium Francisco às atingiram em cheio. Ficou na torcida para que a mudança de consciência fosse imediata.

Ao terminar a última frase, Francisco sentiu uma energia quase que indescritível percorrer seu corpo da cabeça aos pés, como se fosse uma descarga elétrica em uma voltagem de certa forma inexplicável. Esse fenômeno ocorreu quando seu sexto sentido deu um sinal de alerta ao identificar a luminosidade e a distinta vibração do rapaz sentado no fundo do salão. O jovem de aparência tímida foi aplacado pelo olhar profundo do médium experiente que o fitava, imediatamente sentiu um arrepio correr em sua coluna, soube na hora que algo estava prestes a acontecer. O primeiro pensamento que lhe ocorreu, foi de se levantar e ir o mais depressa possível para o aconchego de sua casa, mas algo parecia segurá-lo ali, sentado, imóvel.

Durante mais uns quinze minutos, o orador prosseguiu exaltando as pessoas a perseverarem no caminho iluminado, edificando o espírito através das boas atitudes e leituras consoladoras que o Espiritismo proporciona. Concluído o assunto, aos poucos os trabalhadores da casa espírita foram se retirando, uns envergonhados pelo puxão de orelha que acabaram de levar, outros, completamente inspirados pelas palavras de incentivo que ouviram. Cada um absorvia os ensinamentos como lhes convinha. Francisco manteve-se na tribuna agradecendo a presença de todos, cumprimentando um a um com imensa simpatia. Por último, aquele rapaz de semblante introspectivo aproximou-se do senhor Francisco e, antes mesmo do experiente médium lhe pronunciar qualquer palavra ele perguntou:

- O senhor tem algo a me dizer, não tem?

- Meu jovem, precisamos conversar.

02 MARIE ANNE

Do outro lado da cidade, Marie Anne andava despreocupada quando ouviu um sussurro lhe dizendo para mudar de rumo e ir a um local nas proximidades, conhecido como beco dos ratos. Ela estranhou aquilo, pois nunca ouvira nada assim. Olhou para os lados e percebeu que estava completamente sozinha naquela rua. Pensou estar ficando louca por causa do trabalho desgastante, pois sua tarefa era habitualmente estressante e consumia longas horas do seu dia em investigações e detalhadas perícias. Não deu muita atenção e resolveu então seguir a caminhada relaxante, pois aquele era o seu dia de folga e ela queria aproveitar para manter a forma física. Poucos passos e novamente aquela voz que insistia em levá-la para outro local. Tentou fingir que não estava ouvindo e aumentou o volume do seu aparelho de mp3, nisso, a música cessou completamente e a voz que lhe falava aos ouvidos foi muito enfática ao dizer:

- Você não está entendendo? Eu disse para você ir ao beco dos ratos, lá os seus conhecimentos serão muito requisitados. Pensou ela: "que diabos está acontecendo?". Saiu em disparada ao local indicado. Ao chegar lá, ouvia grunhidos e estalos de algo batendo em poças de água, além dos incontáveis barulhos comuns às grandes metrópoles. Corajosamente, entrou beco adentro, reduziu a velocidade das passadas e analisou cuidadosamente o perímetro à medida que avançava rumo à parte mais escura. Logo entendeu o motivo pelo qual foi dado o nome àquele local. Entre restos de comida, lixos de toda espécie, entulhos de materiais de construção jogados aos cantos, misturavam-se ao ambiente roedores de todos os tamanhos e "marcas", pensou ela com vontade de rir.

Tudo parecia estar conforme a normalidade. Resolveu ir até o fim do beco para ficar com a consciência tranquila, foi quando deparou-se com uma pessoa deitada no chão, imóvel, tentando balbuciar alguma coisa desconexa e impossível de interpretar. Imediatamente ela pegou o telefone celular e ligou para pedir auxílio policial e socorro médico.

Nos minutos que se sucederam, começou a colocar em prática aquilo que ela mais gostava e sabia fazer, investigar crimes. Primeiramente ela analisou a cena de forma global. Percebeu que não havia outro meio de sair dali, havia apenas um acesso. Muros altos e grandes construções ainda inacabadas, cercavam o local. Na verdade, as obras foram embargadas há muitos anos por causa de inúmeras irregularidades de projeto e de construção, pois acabava sendo mais barato aos investidores abandonar tudo ali mesmo, enquanto os processos vagarosamente eram analisados judicialmente. Ela mesma nem sabia há quanto tempo estava tudo largado naquela região, e nem a que pé andava a situação daqueles abandonados imóveis.

Ao focalizar detalhadamente a cena onde o corpo estava, observou que ainda haviam alguns reflexos nos dedos da mão esquerda do homem, que tocava repetidamente uma poça fétida com o indicador e o dedo médio. Aproximou-se para sentir a respiração e percebeu que estava se esvaindo. Concentrou-se na sua função, deixando os procedimentos médicos aos profissionais mais indicados, que já estavam a caminho. Os sapatos daquele senhor lhe chamaram a atenção, percebeu que eram novos e de muito bom gosto, de couro e modelo italiano, o terno preto também parecia ser de grife e importado, assim como a camisa branca de seda, manchada pelo sangue que corria lentamente pelo peito do homem. Supôs tratar-se de alguém financeiramente bem sucedido, visto o relógio de ouro com pedras preciosas que ele ainda mantinha em seu pulso. Tirou algumas fotos de alta resolução com seu celular e foi instintivamente criando e eliminando hipóteses para aquela situação. Suspeitou que aquilo não poderia ser coisa de um ladrãozinho qualquer, porque o homem ainda possuía seus objetos de valor consigo.

Olhou bem para o rosto da vítima, que aparentava ter aproximadamente cinquenta anos de idade, estatura mediana, um pouco acima do peso, olhos arregalados como se tivesse visto um fantasma. Imaginou até que poderia ter algum problema ocular, porque as órbitas estavam levemente saltadas para fora do globo. Como sugerem os manuais de procedimentos, evitou tocar o corpo estirado no chão até que chegasse o socorro.

Um fato chamou muito a sua atenção, além da estranha voz que sumira de repente. Lá não havia nenhum dos 'obcecados por tragédia', aquele tipo de pessoa que para ao ver que há alguém acidentado e fica bizarramente torcendo para que ocorra algo sobrenatural, ou mesmo, fica na expectativa da contagem dos óbitos. Ela os chama de urubus, pois além de atrapalhar as investigações e o próprio socorro, essas pessoas nada fazem para ajudar, somente se aglomeram umas sobre as outras para ter a melhor visão da tragédia alheia. Isso a enojava, pois para Marie Anne, este era seu trabalho, o mesmo ofício que seu pai exerceu até aposentar-se. Herdou dele o gosto pelos casos complicados, pois sabia que a solução desses quebra-cabeças era sempre um alívio para a família das pessoas envolvidas e, além do mais, ela era uma pessoa apaixonada pela justiça, incorruptível, como seu pai sempre a chamara.

"Graças a Deus os paramédicos chegaram", pensou ela ao ouvir as sirenes e acenando à ambulância para mostrar o local exato que estava estirado o homem. Os profissionais da área da saúde realizaram os atendimentos de primeiros socorros no local e conduziram o paciente às pressas e talvez sem muitas expectativas de sobrevivência, ao hospital de referência. Nesse ínterim o carro da polícia também estacionava na entrada do beco e dois policiais foram ao encontro de Marie Anne. Ela era uma investigadora famosa pela sua perspicácia e obstinação em desvendar os mais misteriosos casos. E não demorou muito para ouvir dos colegas:

- Acredito que a senhorita irá assumir a investigação deste episódio. Já tem alguma pista?

- Boa noite, policiais! Para ser bem sincera, eu estou de folga hoje, mas por via das dúvidas e por hábito, vou continuar fotografando, quem sabe posso encontrar algo que sugira os indícios que motivaram essa agressão tão estranha. Mas creio que o departamento irá designar outra pessoa para assumir o caso.

Após as avaliações necessárias, a investigadora decidiu ir com os policiais ao departamento de investigações, fazer o *download* das fotografias que recolhera. Deixou-as armazenadas no banco de dados e observou pausadamente cada foto. Quando pensava em voltar para casa, foi questionada pelos seus superiores sobre o que ela estava fazendo ali naquele local. Sem mencionar que foi impulsionada por uma voz que surgiu do nada, ela apenas disse que estava passando, quando teve uma intuição e decidiu conferir se havia alguma coisa diferente naquele beco.

- Você herdou os instintos do seu pai. Disse-lhe seu chefe.

Marie Anne mal disfarçou as lágrimas que insistiam em cair.

- Acho que sim. Disse ela recompondo-se e prontamente colocou-se a disposição para prosseguir as investigações, caso fosse necessário. Aproveitou para perguntar como estava o homem e quem era ele.

- No hospital recolheram seus documentos e acabaram de informar que ele é um magnata alemão muito influente, envolvido com uma grande corporação farmacêutica. Essas foram as primeiras informações sobre a identidade dele.

- E sobre o estado de saúde que ele se encontra?

- Esse é um problema que as autoridades brasileiras terão que resolver com o governo alemão. O gringo foi gravemente atingido na cabeça e está em coma induzido, pelo que nos anteciparam, é grande a chance de ficar vegetando.

Marie Anne estava em silêncio quando seu superior pediu-lhe que fosse descansar, pois ele queria que ela assumisse o caso. Certamente ele precisava da melhor investigadora que conhecia, tendo em vista que o chefe de polícia já estava sendo pressionado pelo consulado alemão e pelo governo brasileiro por respostas. Era urgente a resolução desse crime para minimizar o constrangimento diplomático que isso já estava causando.

A investigadora morava a dez quarteirões do distrito policial e foi para casa caminhando. Lembrou-se da sensação que teve logo que acordou naquela manhã, que supostamente seria o seu dia de folga. Sentia uma forte pontada no peito, não que fosse algo que chegasse a causar dor, mas sim uma grande aflição, ela nem sabia como interpretar aquilo. Logo passou. Refez mentalmente os sonhos desconexos que tivera na noite anterior, justamente ela, que nunca lembrava nada sequer sobre seus sonhos, desde a infância.

Sonhou que andava por vales escuros, sozinha, procurando alguma resposta, lembrou-se que, do nada, via-se dentro de uma pirâmide antiga, fugindo de algo que a aterrorizava. Ainda havia algo muito curioso, sonhou com seu pai, falecido há menos de dois meses. Ela tentava lembrar o que ele tinha lhe contado através do sonho, frustrou-se após tentar, inúmeras vezes sem sucesso, recordar o que ele havia lhe dito. Resolveu mudar o rumo dos pensamentos e focalizar na voz que a mandou ir até o beco dos ratos.

"O que foi aquilo meu Deus?" disse ela de forma audível somente para si mesma. Poderia jurar que era coisa da minha cabeça se não tivesse encontrado nada naquele local onde me mandaram ir. "Mas e quem será que me disse para ir até lá?". Pensou com grande teor de emoção que não sabia nem por onde iniciar, estava sem norte. Caso seu pai ainda estivesse aqui, poderia lhe dar um conselho. Agora as lágrimas escorriam sem comedimento, já estava muito próxima do apartamento em que morava.

O pai de Marie Anne era um senhor alto, de origem franco-brasileira, possuía porte robusto e mente aberta. Sabia ser sério no trabalho e muito brincalhão em casa com a filha. Compartilhava seus dilemas com a fiel esposa, hoje residente em outra cidade. Anton pregava sempre a honestidade, ele costumava dizer que a única herança verdadeira que ele gostaria de deixar à filha era o caráter reto, a dignidade em pessoa. Afirmava que o meio no qual ele escolhera para trabalhar era cruel demais, mas alguém devia fazer essa tarefa e essa pessoa tinha que ser acima de tudo muito humana, a ponto de se sensibilizar com a desgraça alheia, sem perder o foco na investigação. Dizia ainda que a perfeição profissional só era mantida enquanto o investigador possuísse compaixão em seu coração e que jamais deveria endurecer seus sentimentos, pois isso afetaria diretamente o que ele considerava ser o seu bem mais precioso, a família. Aposentou-se como investigador criminal com inúmeros prêmios de reconhecimento aos serviços prestados à sociedade. Deixou a esposa e uma filha, que segue os passos trilhados pelo progenitor. Sua morte foi causada por uma complicação respiratória, derivada do consumo diário de cigarros.

Seus pensamentos a guiaram até a infância. Revivia as brincadeiras que fazia com seu pai, adorava correr pelo pátio da casa, andar de patinete e tinha uma paixão imensa por jogos enigmáticos. Quando deu por si já estava tomando banho. Para surpresa maior ainda, lembrou-se exatamente do que seu pai lhe dissera na única vez em que conseguiu descrever um sonho.

Ele disse:

"Minha pequena, é muito importante que você se lembre desta nossa breve conversa quando acordar, não tente me dizer nada agora, pois eu também sinto muitas saudades de vocês. Os amigos espirituais que me socorreram disseram que esta é uma oportunidade única de nos comunicarmos, então minha filha amada, preste muita atenção e lembre-se de tudo o que lhe ensinei sobre o que você precisa ter para ser uma investigadora exemplar".

Marie Anne estava impressionada com os detalhes da conversa que tivera com seu pai em sonho, ele ainda lhe disse:

"Você precisará de muita ajuda na nova missão que a aguarda, procure o rapaz que enxerga com as mãos, ele será o elo entre os dois mundos que estão envolvidos na sua próxima investigação".

Antes de desligar o chuveiro ela ainda lembrou que seu pai lhe pediu para tomar muito cuidado e ter fé em Deus.

Perplexa... assim ela se sentia. Parecia que estava assistindo a um filme, revendo cada detalhe da mensagem de seu pai. Muito confusa, tentou organizar as informações e colocar em um papel tudo o que ela considerou mais vital para o caso. Escreveu, para não esquecer: 'encontrar o rapaz que enxerga com as mãos'.

Primeiro pensamento que lhe invadiu a mente foi em procurar alguém que soubesse ler em braile, mas que sentido teria aquilo com o elo entre os dois mundos que seu pai falara?

Alguém que vê com as mãos? Mas que dois mundos são esses? Muitas indagações lhe tiraram o sono, sabia que algum sentido devia haver, pois aquele era um dos poucos sonhos da sua vida que conseguia se lembrar. Pensava também naquela voz que lhe pedira diversas vezes para deslocar-se até o beco dos ratos, e ainda ter encontrado aquele homem estirado, uma pessoa de influência internacional. A princípio nada daquilo fazia sentido algum. E porque faria? Pensou ela antes de adormecer.

03 A REUNIÃO DOS TREVOSOS

Meses antes, em uma região astral localizada nas profundezas do deserto de Atacama, ao norte do Chile, uma reunião secreta entre os maiorais das trevas, que se autodenominam como o "Clã das Serpentes Vermelhas", estava prestes a ter início. O local deste encontro era em um amplo salão de mármore, não havia mobília alguma fora a mesa redonda exatamente no centro do recinto. A peça lembrava em muito a famosa távola redonda do Rei Arthur e seus lendários cavaleiros templários. Todavia, aquele não era nem de perto o encontro de um nobre e seus fiéis escudeiros, mas sim, o centro onde era determinada e arquitetada uma conspiração mirabolante.

Ao redor da mesa, ainda em pé, havia quatro espíritos ansiosos pela chegada do principal elaborador das estratégias e artimanhas do Clã. Todos aguardavam o número um na hierarquia, que adorava fazer os outros esperarem o tempo que fosse suficiente, sua autoestima o instigava a isto, fazia-se crer altamente importante na organização, e de fato o era. Somente ele detinha o conhecimento necessário para prolongar a vida na erraticidade e, além do mais, era detentor de tamanha habilidade mental que o tornava o mais temido entre todos.

Há séculos aquele grupo tentava por meios escusos e perniciosos protelar a reencarnação. Usavam de todos os artifícios necessários para manterem-se vitalizados e trafegarem sem complicações pelos quatro cantos do mundo. Usufruíam da relativa mobilidade de seus corpos espirituais para se deslocarem, alimentando a quimera de um dia voltar a reinar soberanos sobre a Terra, porém, livres do escafandro que os igualava aos demais seres humanos - o corpo físico.

O salão estava impecavelmente limpo, a ponto de reluzir. Construído com matéria astral, fornecida principalmente pelo ectoplasma dos encarnados, o local todo fora habilmente arquitetado pelo número um, literalmente. Cada detalhe daquela fortaleza fora elaborado por ele. Nada lhe escapava aos olhos e ouvidos, ele estava mentalmente conectado a todos sob o seu comando, o que o transformava no maior algoz. Toda espécie de revolta ou lamúria contra os seus desígnios era violentamente suprimida, eis o motivo de tamanha tensão entre os outros quatro espíritos que compunham a alta hierarquia da organização.

Aquele ambiente claro, branco e de extremo capricho, contrastava com tudo o mais naquela dimensão astral. Realmente eram impressionantes as formas que foram utilizadas em toda a estrutura da sede principal do Clã.

Apesar de estar localizada sob o deserto mais árido do planeta e um dos mais quentes, onde a vida do ponto de vista humano é praticamente inviável, o salão de mármore possuía temperatura congelante para qualquer vivente. Tinha-se a impressão de estar sob um dos extremos polos da Terra e não abaixo da secura desértica. Nada além da grande mesa redonda na ampla sala, e do alvo trono vazio. Os outros aguardavam para sentarem-se em torno, porém entre cada um deles havia uma distância de aproximadamente dois metros. O principal da hierarquia gostava de causar suspenses antes da sua entrada triunfante, a pose era tudo! Mesmo no submundo astral os seres utilizam artifícios para impressionar os demais, quanto maior o estrondo, maior o susto e consequentemente, mais respeito era imposto.

Essas reuniões costumavam ser uma vez a cada cem anos, porém, desde a virada do milênio, visto a proximidade da era de Aquários, na qual o Cristo predisse que mudanças ocorreriam visando um planeta cada vez mais fraternal, estes encontros começaram a ser mais frequentes. Ali, todas as tentativas possíveis para reverter essa situação eram elaboradas e postas em prática. No fundo, esses espíritos temiam pelo novo degredo, ou seja, a ideia de ter que reiniciar a jornada evolutiva em um planeta inferior à Terra era algo inconcebível por estes seres que julgavam-se especiais, dotados de conhecimentos milenares sobre dominação dos elementos da natureza, controle mental e ainda subjugavam a necessidade de reencarnar em corpos físicos. Segundo eles, estes eram entraves para seus planos, pois sabiam que os corpos nos quais reencarnariam, não seriam nem um pouco aptos a desenvolverem todas as suas habilidades, em outras palavras, o temor de renascer em corpos pré-históricos em um orbe inferior era algo descomunal e inaceitável para os líderes do Clã das Serpentes Vermelhas.

Os quatro seres que estavam no salão de mármore, ao mesmo tempo que obedeciam seu superior direto, odiavam-se mutuamente. O desprezo que um tinha pelo outro era eternamente velado. Os juramentos que fizeram ao compactuarem na organização eram inquebráveis; em descumprimento de uma ordem vinda do superior, o castigo era inimaginável.

O folclore geral induz a imagem alegórica que os seres diabólicos são providos de chifres e pele avermelhada, sem falar do rabo longo e corpo disforme. Mera ilusão popular. Estes não fazem parte do contexto fantasioso da mente humana; de fato, possuem uma aparência absolutamente irrepreensível e longe de qualquer questionamento. Poderia-se até dizer que, se eles estivessem misturados aos encarnados, passariam despercebidos nos encontros mais memoráveis das altas rodas sociais. A primeira impressão era de estarmos diante de quatro distintos senhores, posturas eretas, trajes requintados, que lembravam a alta estirpe inglesa; todos vestiam ternos perfeitamente alinhados de tonalidades escuras, cabelos milimetricamente penteados e engomados, como se tivessem passado um gel brilhoso. Com orgulho eles exibiam suas gravatas vermelhas, símbolo máximo do poder do Clã. Era através do estilo do nó que se distinguia o nível hierárquico de cada um. Esses seres possuíam uma aparência externa impecável, no entanto, quando se observava atenciosamente dentro dos olhos, podia-se sentir o arrepio na coluna de tanto ódio que era emanado por eles. A maldade e a crueldade eram tamanhas que os seus subalternos temiam olhá-los diretamente. Quanto maior o posto hierárquico, mais controles mentais possuía a consciência desencarnada e, da mesma forma, o nível de perversidade.

Sem perder a compostura, Sir Robert, como gostava de ser chamado, lutava contra si mesmo para manter a aparente tranquilidade, no entanto, intimamente estava desconfortável por estar reunido ali com os outros membros do alto comando das Serpentes Vermelhas. Ao mesmo tempo em que todos eram aliados, também eram inimigos mortais, se é que pode-se definir o ódio recíproco desta forma. Ele possuía o quinto cargo do comando: dentre os presentes, a patente mais baixa era a sua. Possuía dentro de si uma inveja infinita dos outros, que tinham direito a algumas regalias a mais na organização.

Sir Robert é o especialista em escolher o alvo encarnado e subjugá-lo aos objetivos vis do comando do Clã para atingir as determinações maléficas. Contava ao seu dispor a pior classe dos espíritos; centenas de vampiros o serviam, era o arquiteto das obsessões complexas. Fora ele quem escolhera o médium Oliveira na tentativa de induzi-lo ao fracasso e de impor a derrocada do Centro Espírita Sol Maior. (nota do autor: vide obra anterior que deu origem à trilogia: 'Um Novo Amanhã').

O quinto, nunca se envolvia pessoalmente nas obsessões; ordenava aos seus escravos vampirizados que fossem ao encalço das vítimas. A intenção sempre era de, primeiramente, minar as energias dos encarnados, sugando seus fluidos vitais ao máximo, tornando-os presas mais fáceis e suscetíveis à influência das trevas. Costumava tratar esses espíritos com grande desprezo;

pensava que com o uso de posturas cruéis teria-os sempre sob seu comando particular.

Todo o seu prestígio na organização estava gravemente arranhado por causa do insucesso cometido na sua última investida, ao tentar desmantelar as atividades realizadas no centro espírita alvo do Clã. Ele mesmo não entendia o motivo de se preocupar tanto com a destruição daquele centro. Não conseguia ver qual o interesse do maioral em impor o colapso naquela instituição que representa o Cordeiro. Achava tudo aquilo pequeno demais para ser algo importante, mas quem era ele para questionar os mandos e desmandos do líder? A reunião que tanto demorava para começar seria sobre este fracasso. Isso lhe dava nos nervos, só em pensar na consequência que poderia sofrer. Temia a represália do líder, e se os outros que o rodeavam suspeitassem de seus medos mais íntimos, sua queda seria inexorável.

As consciências desencarnadas que compõem a alta cúpula do Clã das Serpentes Vermelhas são formadas por espíritos que, há séculos, postergam a própria reencarnação. Pode-se afirmar que são partes dissidentes dos grandes Dragões, formando assim uma facção à parte. Vez ou outra combatem entre si pelo domínio de determinada situação, mas por visível inferioridade perante os senhores da escuridão, atuam no segundo plano, em áreas ainda não dominadas pelos mestres das sombras. Aos poucos vão ganhando poder e territórios, mas por hora é algo impensável combater de frente as poderosas mentes milenares da escuridão.

Seus principais objetivos são: abocanhar o controle em governos espalhados em todos os continentes, dominar a vida extrafísica e também utilizar cientistas viventes como marionetes para desenvolverem meios físicos de reencarnarem sem necessidade de aprovação do Mundo Maior. Claro, eles almejam um corpo físico perfeito, superior ao da raça terrestre, como eles falam. Por isso, dominam laboratórios internacionais e induzem os donos dos mesmos a investirem fortunas nas pesquisas sobre a clonagem humana, obviamente, longe dos holofotes da mídia e da ética humanitária. Almejam também, um dia retornarem à vida física através destes corpos clonados, mas para que este plano seja bem sucedido, eles desconhecem o elo que ligará a mente espiritual deles aos corpos produzidos em laboratórios. Esta pesquisa ainda está um pouco longe do fim. O Clã não medirá esforços para que isso ocorra o mais breve possível.

Na mesa, à esquerda de Sir Robert, estava um espírito visualmente não tão elegante quanto ele, porém, de maior poder mental e hierárquico, era o quarto no comando, conhecido por Esteban. Encarava o quinto com seus olhos agigantados, e questionou-o com toda sua malevolência e arrogância:

- Conte-nos Robert, como você conseguiu ser tão incompetente que nem um mero mediunzinho você conseguiu derrubar? Como era mesmo o nome dele... Oliveira, não é? Acho que você nunca irá esquecer este nome.

Enquanto Esteban dava suas gargalhadas, Sir Robert mantinha-se em silêncio. Seria uma falta grave segundo as rígidas normas do Clã se ele afrontasse aquele que possuía um posto maior que o seu. Engoliu a seco aquela provocação humilhante que ainda prosseguia. Quase explodindo de raiva, ouvia quieto.

- Você sabe o que o espera quando o líder chegar, não sabe? Não vai sobrar nada de você para contar história alguma. Quer saber o que lhe desejo?

Sem dar tempo para respirar, Esteban continuou a despejar sua pestilência verbal, cada palavra era como se fosse um dardo venenoso atingindo direto o alvo.

- Quero a sua segunda morte como castigo e tenho certeza que esse será o seu destino: virar um vegetal. Saiba que tivemos que reposicionar os nossos planos por causa do seu erro. A estratégia do mestre era perfeita, mas ele não sabia que você seria tão... inútil, agora teremos mais trabalho ainda.

Por não saber de todo o plano, uma curiosidade surgiu na mente de Sir Robert. Entre tantos sentimentos de ódio, desprezo e humilhação, pensou: "qual seria a real importância daquela missão a qual fora incumbido a cumprir?", de fato, não havia dado muita atenção, visto que não tinha acesso à totalidade dos planos do número um. Estratagema do Clã, pois somente o líder sabia do plano todo.

Pensou também de relance na segunda morte. Ele sabia muito bem que isso poderia ocorrer quando um ser de grande controle mental e firme determinação envolvesse um espírito liberto do corpo físico e com pulsos magnéticos, começaria a degradar a forma perispiritual, desintegrando todos os corpos extrafísicos do ser e tornando-o um ser em formato ovoide e sem vontade própria. Toda vez que um ser é acometido desta drástica obsessão, ele se transforma em um mero aparelho utilizado nas obsessões mais pesadas.

As acusações de Esteban seguiram por mais algum bom tempo, até que ele também começou a se perturbar com a demora do número um, que ainda não chegara.

04 RECADO DO ALTO

Gustavo e Nellys receberam a permissão do mentor espiritual, Ângelus, para se aproximarem junto ao médium Francisco e o jovem que estava diante dele, de forma que todos pudessem ficar a par dos detalhes daquela conversa de suma importância. Começou Francisco a falar:

- Meu jovem, minha incumbência principal neste momento é de lhe transmitir um recado do qual você tem se privado de receber há muito tempo. Então agora preste muita atenção no que vou lhe falar, mas saiba de antemão que a decisão final ficará sob responsabilidade do seu próprio livre arbítrio.

O médium Francisco deu acesso ao mentor do rapaz para se comunicar através da sintonia mental, a qual ia sendo transmitida simultaneamente à medida que lhe era ditado.

- Trinta e dois anos atrás você nasceu com uma missão muito importante, ajudar o maior número possível de pessoas com o dom mediúnico que você mesmo havia escolhido para sanar os próprios débitos do pretérito. A tarefa de forma alguma é simples. Para drenar mais rapidamente o seu carma, você optou por um tipo de mediunidade raríssima, a qual poucos estão devidamente habilitados a exercer, mas temos plena convicção da sua capacidade inata para desenvolver e forças suficientes para aguentar as consequências. Graças à lei do esquecimento reencarnatório, você não conseguirá lembrar conscientemente, mas posso lhe afirmar com toda a certeza que você já vivenciou essa atividade mediúnica e que sua preparação para a atual existência foi bem intensa.

Fez-se uma leve pausa na conversa, ninguém ousou interromper ou até mesmo suscitar qualquer comentário, quando o médium novamente voltou a discursar a linha de pensamento da espiritualidade superior:

- Nós podemos muito bem observar que você reluta em aceitar os acontecimentos que muitos julgariam como exóticos ou até mesmo alucinatórios que ocorrem com você. No entanto, à medida que o tempo escoa, fica mais difícil de manter o controle, não é mesmo?

O rapaz apenas concordou afirmativamente com a cabeça e atenciosamente aguardava por mais informações.

- Você tem fugido e se escondido até mesmo da sua vida social. Acompanhamos com certa aflição os seus dramas interiores, quando todas as noites você se fecha no seu quarto, mentindo para si mesmo que nada disso está acontecendo. Por medo e até certo ponto justificável, você ignora e evita ter relações mais abertas com seus pais, visto as internações que você sofreu durante a sua adolescência em diversos hospitais psiquiátricos. Mas agora, mais do que nunca, chegou o momento de assumir a postura de filho de Deus, corajoso e com desejo ardente de ajudar ao próximo através da mediunidade. Definitivamente, o tempo clama, urge a necessidade de se ajudar também. Somente assim você encontrará as respostas e a paz de espírito que tanto é almejada. Mas você sabe que o primeiro e mais importante passo precisa ser dado agora. Aceite e siga em direção ao caminho já traçado pela espiritualidade; eis a minha mais sincera vontade pelo bem do meu pupilo. Disse o mentor do jovem através do médium Francisco.

O rapaz estava completamente atônito, jamais imaginara ouvir aquilo. Seu segredo mais íntimo defasado diante de seus olhos, por uma pessoa que não tinha possibilidade alguma de saber sobre o seu caso, diante dele, o médium, porta-voz do Mundo Maior. Demorou um pequeno período de tempo para perceber a seriedade do assunto, ajeitou-se melhor na cadeira, respirou fundo e logo falou:

- Ajude-me, o que devo fazer?

- Antes de tudo, você necessita ficar ciente de que uma equipe espiritual formada por amigos e especialistas está ao seu lado. Uma equipe de luz foi designada para acompanhá-lo nesta jornada mediúnica de aprendizado teórico e prático. Será muito intensa a sua preparação para o que está por vir, você deve ser persistente, determinado e ter Deus sempre junto aos seus pensamentos mais nobres e também nos momentos de dúvidas. Lembre-se que quando a mente fica serena, Ele se manifesta de alguma forma. Responda-me agora, está realmente disposto a cumprir o seu mandato mediúnico?

Pensou por alguns instantes, passando as mãos suadas nas calças jeans, e disse:

- Tudo bem, acredito no senhor e além do mais, percebo que não tenho escolha mesmo, ao menos imagino que esta será a melhor decisão a ser tomada.

- Muito bem, vamos começar hoje a noite mesmo. Imediatamente após você dormir, seu espírito será desdobrado e conduzido junto com outros amigos da espiritualidade a um local de estudos mediúnicos em uma cidade do Astral Superior. Lá você receberá uma enxurrada de informações sobre sua mediunidade e também aprenderá a proceder devidamente na missão que o aguarda.

Nisso, o espírito protetor do jovem desligou-se do medianeiro psicofônico e o Sr Francisco, que manteve plena consciência do diálogo, sorriu para ele dizendo:

- Não se aflija com absolutamente nada, saiba que Deus está presente onde menos esperamos. Basta sintonizar com as excelsas vibrações de amor para sentir a proteção divina.

Ainda um pouco desnorteado, o rapaz fez questão de apresentar-se ao senhor Francisco.

- Muito prazer, meu nome é Fred. Agradeço por tudo o que o senhor disse. Eu nem sei ao certo como vim parar aqui hoje, pelo jeito a casa espírita não estava aberta ao público em geral, apenas estava em minha casa e senti uma vontade enorme de tomar um passe magnético para sentir-me mais leve. Assim que cheguei aqui, percebi que não haveria atividades mediúnicas hoje, mas nem por isso consegui ir embora, não sei se foi por curiosidade, preguiça ou sei lá o que, parece que fiquei atraído magneticamente por este lugar e simplesmente sentei e esperei.

- Não há necessidade de dar nenhum tipo de explicação. Você apenas deixou-se tocar pelo sopro divino e foi acolhido em energias amorosas, isso que o segurou aqui. Agora creio que você precisa descansar e absorver melhor as informações que lhe foram transmitidas. Vou deixar com você o meu telefone, sei que precisará devorar muitos e muitos livros específicos para sanar todas as suas dúvidas. Tenho na minha biblioteca particular mais de mil exemplares de livros espíritas, todos muito bem organizados e catalogados, que faço questão de compartilhar com todos que possuem vontade de aprender e evoluir espiritualmente.

Desta forma, os recém apresentados amigos despediram-se e cada um tomou o seu rumo com a mente cheia de pensamentos.

Ângelus, que organizara o encontro através de inúmeros esforços despendidos pela equipe espiritual que assiste o rapaz, deixava-se contagiar pela satisfação de ter obtido sucesso na aproximação entre a voz dos espíritos e o Fred.

Emocionado pela euforia do amigo iluminado, Gustavo não conseguiu mais se conter e disse, tomando a frente no grupo de seres espirituais reunidos:

- Será que alguém aqui pode me explicar o que está acontecendo? Assim a minha curiosidade me mata!

Todos riram e brincaram com o argumento dado por aquele ser espiritual que dia a dia revelava o maravilhoso senso nato de investigador da vida psíquica dos encarnados e das matérias além da vida, graças a sua determinada intuição em buscar as respostas sobre as mais diversas formas de mediunidade para realizar a conexão entre os dois mundos: o físico ou material e o mundo extrafísico ou espiritual. Um verdadeiro repórter do além.

De modo gentil, Nellys gesticulou para iniciar a conversa que de certo modo seria muito esclarecedora.

- Em "O Livro dos Médiuns", Allan Kardec, de forma soberba, concisa e de confiabilidade sem precedentes, sintetizou organizadamente as mais diversas formas de comunicação entre os ditos dois mundos, catalogando um a um os meios mediúnicos para realizar essa ligação, físico e espiritual. O nobre codificador do Espiritismo analisou e descreveu minuciosamente, dos pormenores detalhes aos mais amplos conceitos sobre mediunidade. Sendo este livro uma das bases da Doutrina dos Espíritos.

Não é à toa que a leitura das obras básicas que compõem o Pentateuco Espírita são fundamentais para o melhor entendimento e desenvolvimento mediúnico e, além disto, de norteamento evangélico determinado pela moral do Cristo.

Ângelus tomou a palavra para explicar um pouco mais:

- O codificador do Espiritismo foi muito inteligente e também estava muito bem assistido pelos mentores maiores para elaborar esta obra de referência. Tenho plena convicção de que "O Livro dos Médiuns" deveria ser uma obra de cabeceira para todos aqueles que se dedicam às tarefas altruístas nos centros espíritas. Os amigos sabem bem que a compilação das diversas modalidades de mediunidade compõe um dos pilares sólidos desta divina doutrina. Eu entristeço quando percebo uma boa parcela dos médiuns despreocupados com a leitura e assimilamento dos fundamentos do Espiritismo. Nunca cansarei de intuir aos benfeitores mediúnicos encarnados a lerem os cinco livros principais da doutrina, a leitura e a compreensão são primordiais para a melhor vivência da realidade espiritual, como bem disse o amigo Nellys.

- Mas Ângelus, diga-me uma coisa: não é o próprio médium que escolhe o tipo de mediunidade que pretende exercer quando encarnado?

- Sim, quando o espírito está liberto das amarras do corpo físico, necessitando reencarnar para saldar as dívidas do passado, pois ainda são poucos os que conseguiram extinguir definitivamente o carma. Por vontade própria comprometem-se através do exercício mediúnico para quitar o mais rápido possível as barbáries cometidas em vidas passadas.

Intercalou Gustavo ao perguntar:

- E esse rapaz, Frederico, estava até então fugindo do compromisso mediúnico, não estava?

- Estava sim. Por ter habilidades diferenciadas optou por um tipo muito raro de mediunidade para quitar o que ainda deve, então foram proporcionadas a ele várias situações no decorrer desta vida para que pudesse envolver-se nas boas vibrações da casa espírita, local adequado para exercer, com o devido acompanhamento, a sua mediunidade.

Prosseguiu Ângelus, abraçando tanto Nellys quanto Gustavo, ao tempo que dirigiam-se ao jardim repleto de lindas flores que embelezavam o pátio de entrada do Centro Espírita Sol Maior.

- É de ciência comum que Deus não dá um fardo maior do que aquele que seus filhos podem suportar.

- Como todo bom e amoroso pai, bem eu sei. Completou Nellys enquanto Ângelus concordava com a cabeça.

- Para Frederico o momento é agora e é urgente. Em breve ele será desdobrado através do sono físico e levado espiritualmente a uma instituição muito específica para receber orientações e relembrar o compromisso diante da mediunidade que escolheu para si. Seu passado virá à tona certamente incentivando-o a prosseguir com firmeza e determinação. Destarte, encontros aparentemente inusitados ocorrerão e vocês dois, meus caros amigos, farão parte desta jornada, que creio, será de grande valia para todos nós.

- Percebi que nenhum dos dois está muito disposto a me dizer qual é o tipo de mediunidade que Frederico escolheu. Ao menos podem dar uma dica sobre aonde iremos logo mais?

- Nobre Gustavo, sua perspicácia é realmente maravilhosa! Pois bem, nos veremos no "Centro Interativo de Psicometria". Disse Ângelus antes de finalizar.

05 TRINTA ANOS ATRÁS

Maria estava ansiosa e com os nervos à flor da pele. Caminhava incessantemente de um canto ao outro da pequena sala de estar, decorada com muita simplicidade e composta por móveis rústicos, quase beirando à precariedade mobiliária. Pensava infinitas vezes "meu Deus, o que farei da minha vida agora?". Aos vinte e três anos de idade, aguardava o companheiro ao qual estava morando junto retornar para casa para dar-lhe a notícia. Sabia exatamente como ele pensava e concluía que não seria nada fácil encarar as consequências. Quase que diariamente ele repetia que não tinha como alimentar mais nenhuma boca naquela casa.

Antônio, pai de outros três filhos, trabalhava como operário da construção civil. Mal acompanhou o crescimento dos seus rebentos; deixou à mercê do destino a criação deles. Na prática, não assumiu nenhum, sendo que os meninos moravam com suas respectivas mães, todos filhos de mulheres diferentes.

Juntou-se com Maria há poucos meses e cada vez que ela expressava o desejo de maternidade, era logo tolhida em seus planos e sentimentos mais íntimos.

Maria suava frio só em pensar na reação de Antônio. Lia e relia a Bíblia para tentar esquecer que não seria nada boa a novidade, evidentemente, aos ouvidos dele, mas mantinha a esperança de que pudesse estar errada desta vez. No recôndito mais profundo de seu coração, alimentava a alegria que insistia em iluminar o ser que ela carregava em seu ventre, já aos dois meses de gestação. Ela pressentia que era um menino e até mesmo já havia escolhido o nome, Jorge! Seus sonhos de futura mamãe voavam longe; imaginava a típica família feliz, fazendo os programas de fim de semana que estava acostumada a assistir nas telenovelas, algo que ela nunca teve. Cresceu em completa desarmonia com seu pai, que de uma maneira muito estranha, pensava e agia de modo muito parecido com o jeito de Antônio. Nisso, ela foi despertada da sua quimera com a chegada abrupta do parceiro.

Antônio mal a cumprimentou e foi direto tomar o café que já estava posto na mesa. Após aproximadamente trinta minutos de um silêncio constrangedor, de extrema agonia e de um pouco de medo, pois não tinha a menor noção de como iria abordar aquele delicado assunto, Antônio questionou:

- Fale mulher, o que está a perturbando? Você está parecendo uma barata tonta indo de um lado para o outro sem parar; vamos logo, desembucha, porque eu já sei que deve vir uma bomba.

Marejou os olhos e sem rodeios, foi direto ao assunto.

- Estou grávida.

- Como você foi capaz de deixar isso acontecer? Eu disse para você tomar todos os cuidados! Era só o que me faltava, mais essa para atrapalhar a minha vida!

Antônio esbravejou aos quatro cantos. Demonstrava grande horror ao fato de ser pai novamente, mesmo que apenas a paternidade fosse mera teoria, pois não fora capaz de assumir nenhum dos filhos que já possuía. Vários sentimentos e desejos invadiram a cabeça dele. Pensava em fugir, ou mandar a mulher abortar a criança. Perdeu-se em inúmeros pensamentos inferiores e deixou-se envolver pela névoa de baixa vibração provocada pela sua própria mente. Sem pronunciar nenhuma palavra, levantou-se e partiu em direção ao bar mais próximo.

Ao ver o companheiro dando as costas a ela, Maria entrou em um choro convulsivo. Sem saber o que fazer e nem ter ninguém para compartilhar suas angústias e seu drama particular, pôs-se a desaguar em prantos na solitária escuridão do seu quarto.

De acordo com o Evangelho Segundo o Espiritismo, as causas atuais das aflições podem ser de duas origens distintas: oriundas das vidas passadas ou da existência presente. No caso deste casal, as discordâncias ressoavam em perfeita consonância com as desilusões de vidas anteriores, cuja situação já fora ao contrário: a atual Maria era o esposo, e Antônio era então a cônjuge abandonada, com três filhos pequenos para criar.

Deus, na sua infinita sabedoria, colocou esse casal novamente em união para acertar os deslizes pretéritos. Entretanto, Antônio estava vivenciando uma idade psicológica muito aquém daquela que realmente se propôs a assumir nesta vida. Desde o início desta encarnação ele vem relutando em cumprir o seu mandato como homem digno, pai amoroso e marido fiel. Preferiu trocar os maravilhosos laços de amor que envolvem o âmbito familiar, por ilusões passageiras e egoístas.

Maria, porém, amadureceu de forma a não mais abandonar seus filhos, cumprindo o papel previamente prescrito no Mundo Maior: assumir a maternidade com dedicação e acima de tudo, com amor incondicional.

Ao tempo que enxugava as lágrimas, Maria repetia em voz alta e com as duas mãos sobre a sua barriga dizendo:

- Filhinho, não se preocupe, mamãe estará sempre com você, desde já eu o amo demais e nada de mal acontecerá, pois o nosso amor é o porto seguro que nos une cada vez mais.

Amanheceu o dia e nada do Antônio voltar para casa. Seu destino era incerto e isso preocupava Maria demasiadamente. Nada naquele momento lhe trazia o conforto desejado, apenas sabia que iria criar aquela criança a qualquer preço.

Passado o segundo dia, Antônio reapareceu, embriagado, cheirando à perfume barato e sem dar tempo para questionamentos disse:

- Olha Maria, caso você queira ter essa criança, o problema é inteiramente seu, eu não vou tomar conhecimento se é menino, menina ou seja lá o que for... nem me importo com isso. Você escolhe, quer viver comigo, será assim: você cria essa criança!

Um choque, nenhuma palavra. Maria emudeceu completamente, atordoada pelas duras, cruéis e frias palavras. Sentou-se no sofá e pôs as duas mãos na cabeça, enquanto esperava a súbita vertigem passar.

Quando conseguiu firmar os pés, Antônio já estava dormindo. Ela então, silenciosamente, foi até o quarto, pegou a sua mala, colocou as roupas que conseguiu alcançar sem fazer barulho, juntou as poucas economias que havia conseguido guardar e foi direto para a rodoviária. Embarcou no primeiro ônibus que a levaria para a capital; lá talvez ela conseguisse aconchego na casa da única parente ainda viva, sua irmã mais velha. Sem deixar nenhum vestígio, bilhete, nem comentar nada aos vizinhos, simplesmente partiu.

Dentro da lotação, com dinheiro curto e poucos pertences, a única certeza que ela tinha era que aquela criança teria a melhor mãe do mundo. Isso ela podia afirmar com toda a convicção.

06 CENTRO INTERATIVO DE PSICOMETRIA

Adentramos com nosso grupo de estudos no "Centro Interativo de Psicometria", localizado na cidade do Astral, chamada "Pequeno Oriente". Este ambiente revelava-se completamente novo para nós, era o centro nervoso de estudos avançados das mais diversas formas de mediunidade, melhor dizendo, dos mais raros formatos mediúnicos. Formava parte da delegação junto com Ângelus, Gustavo, Nellys e os encarnados Marie Anne, a exímia investigadora, e o jovem médium Frederico, ambos desdobrados espiritualmente graças ao sono fisiológico.

Olhávamos ao redor com imensa fascinação e apreço pelo clima de cometimento que fluía de todos os cantos daquele local. Descortinava-se sobre nossos olhos o maravilhoso céu, composto por tonalidade azul anil; mesmo sendo noite no plano físico, esta cidade do astral vibrava em uma sintonia muito diferente; as estrelas aqui reluziam uma luminosidade tranquilizante, como se fosse um bálsamo ao espírito. Os prédios que compunham a cidade dariam inveja aos arquitetos modernistas mais gabaritados da Terra, visto o estilo arquitetônico arrojado das edificações. Além disso, as composições plasmáticas dos edifícios davam o toque final de extrema sutileza, se assim podemos descrever esse plano do mundo astral, onde a definição de matéria propriamente dita, difere em muito da conhecida pelos viventes em corpos físicos do planeta.

Logo que desembarcamos do transporte extrafísico que nos trouxe até aqui, Ângelus fez cordialmente as devidas apresentações, aproximando Marie Anne de Frederico. Simultaneamente ambos tiveram a nítida sensação de que se conheciam de algum lugar, no entanto, optaram pelo silêncio ao invés de expor qualquer comentário. Após alguns minutos de caminhada em completa admiração pela organização do lugar e pela simpatia dos espíritos que tranquilamente transitavam pelas ruas da cidade astralina, chegamos a uma construção que diferenciava-se em muito das demais; postados diante de um casarão, algo nos remetia aos mais importantes e imponentes museus conhecidos pelos encarnados, o Louvre em Paris e o Museu da Arte Moderna em Nova Iorque.

Com seu conhecido e peculiar carisma, Ângelus, sorrindo e demonstrando imensa intimidade com aquela cidade, disse:

- Meus bem-aventurados amigos, sejam muito bem-vindos à nossa mais nova e eletrizante jornada rumo à evolução espiritual. Após atravessarmos aquelas portas, suas vidas jamais serão as mesmas. Falou apontando para o portão de entrada do "Centro Interativo de Psicometria", que ia abrindo-se lentamente. Aos poucos, todos puderam observar que gradativamente ia surgindo a figura simpática de um senhor magro, cabelos grisalhos, um pouco ondulados, que, com um sorriso largo e envolvente, abriu os braços e deu as boas-vindas a cada um do grupo. Demonstrava imensa satisfação em receber todos ali.

- Muito obrigado por virem. Já faz algum tempo que esperamos a presença de vocês, mas sei que não estava sendo uma tarefa muito fácil conseguir reunir todos os membros do grupo, não é Fred? Sei que, de imediato, você não se lembrará de mim, mas temos muitas histórias para contar. Comentou em tom de brincadeira.

Frederico quase arriscou pronunciar o nome daquele senhor, mas preferiu cumprimentá-lo com um forte abraço e deixar sua memória retomar às lembranças esquecidas na hora certa.

Luiz Carlos, como era chamado, seguiu na frente como guia do grupo. Ao adentrar, logo no andar térreo, pôde-se notar os infinitos matizes azulados que compunham todo aquele ambiente; a harmonia e o equilíbrio psíquico reinavam soberanos naquele lugar. O piso cristalino estava colocado sobre pedras que pareciam possuir brilho próprio, davam um destaque difícil de descrever, como se a cada passo dado ocorressem mudanças de tonalidades por onde se passava. Os cantos eram iluminados estrategicamente por luzes que partiam do solo, quase que palpáveis, realçavam os objetos que estavam expostos e envoltos na distinta fonte de luz.

- Neste primeiro momento, gostaria que os meus amigos dessem uma boa analisada ao redor. Reparem que em cada canto existe um exemplar diferente e, como se diz comumente no meio espírita, nada é obra do acaso. Disse Luiz Carlos.

Olhando intrigado para todos os lados, o grupo concordou com a colocação do anfitrião.

Marie Anne perguntou se no canto esquerdo, ao fundo, estava exposta uma ocarina, algo tipo um instrumento musical muito primitivo, formado por meia dúzia de furos numa pedra oca.

- Sim. Concordou Luiz Carlos.

Gustavo continuou:

- Ao fundo também percebo uma espada, mesmo desta distância posso afirmar com certeza que é um artefato samurai, muito utilizado no Japão antigamente.

- Muito bem, prossigam com as percepções visuais que vocês têm destes objetos aparentemente simples, mas que escondem grandes tesouros. Luiz Carlos não conseguiu disfarçar o bom humor.

Nellys aproveitou a deixa para afirmar que, na parte da frente, havia um pássaro dourado, para ser mais preciso, a ave mitológica conhecida por Fênix, e no outro canto estava uma carabina utilizada na independência norte-americana.

- Percebam meus queridos, que de longe vocês puderam visualizar uma ave mitológica, uma ocarina que é basicamente um instrumento primitivo que emite sons com a utilização do sopro, e duas criações que foram de acordo com o livre arbítrio humano, utilizadas para fins destrutivos da vida que Deus originou. Agora vamos nos aproximar da mesa central. Falou em suave tom de voz, Luiz Carlos.

Todos sentaram-se ao redor da mesa, enquanto Luiz iniciava uma prece com o intuito de elevar ainda mais os pensamentos dos presentes, principalmente dos encarnados que compunham aquele encontro, visto que, por hora, estavam livres das amarras do escafandro físico, pois estavam em desdobramento mediúnico proporcionado pelo adormecimento do corpo.

- Deus, nós estamos em sua casa, sob sua Divina Proteção e intenso auxílio, todos podemos sentir o seu infinito amor. Peço que nos oriente e que as lições aprendidas aqui, neste dia maravilhoso, nunca sejam esquecidas e sirvam somente para ajudar os nossos irmãos em sofrimento. Assim seja.

Intensas ondas de fluidos benéficos invadiram o ambiente, tomando tudo e a todos por completo. Convidados por Luiz Carlos, o grupo dirigia-se diante da espada samurai, onde pararam para observá-la em seus detalhes mais íntimos e, atenciosamente, todos ouviram o que o senhor Luiz tinha a dizer a respeito daquele objeto.

- Amigos, prestem muita atenção no que irei lhes dizer. Todos os objetos criados no plano físico têm sua origem aqui deste lado da vida. Tudo o que existe na Terra à disposição da humanidade foi, primeiramente, produzido na vida espiritual, através da condensação de pensamentos direcionados para atingir a plena perfeição, em seus mínimos detalhes. Cada artefato possui sua autobiografia. Pode-se assim dizer que poucas pessoas são capazes de acessar o conteúdo pragmático que fica gravado nos objetos. Mas saibam que é possível decifrá-los e conhecer a verdadeira intimidade de cada criação existente.

- Como assim? Marie Anne perguntou demonstrando certo assombramento sobre o que acabara de ouvir.

Ângelus pediu gentilmente a palavra para tentar explicar um pouco mais a respeito deste delicado e envolvente tema.

- Como muitos já sabem, o universo é preenchido pelo fluido cósmico, ou vital. Essa energia em constante movimento e de extrema sutileza age de forma diferenciada sobre a matéria mais densa. Ao entrar em contato com os objetos criados pelos humanos encarnados, através da condensação dos pensamentos dos próprios criadores, acaba, por assim dizer, criando também a aura do artefato produzido.

- Através do pensamento dos encarnados? Perguntou novamente Marie Anne.

- Também sofre certa influência na composição desta aura, mas a principal parte, ou melhor, a constituição é originada no plano espiritual, ao tempo em que é mentalizada pelos engenheiros do plano espiritual. Como já dissemos anteriormente, todas as invenções da Terra, assim como cada detalhe de uma pétala que compõe uma flor, parte daqui. Afirmo que tudo o que é reproduzido entre os encarnados é uma espécie de cópia, nem sempre idêntica à original, pois o cérebro humano bloqueia parte da inspiração dos inventores que buscam extrair do éter cósmico a essência do que já está criado no plano espiritual. Em um primeiro momento pode parecer um pouco difícil absorver essas informações, mas tenho certeza que ao tempo certo ficará mais fácil de assimilar essas ideias.

Antes de concluir, Ângelus fraternalmente expôs mais um comentário:

- O fluido universal é presença constante e dominante nos dois planos da vida. Esta energia vibracional possui a inata capacidade de revestir os objetos projetados e, cada vez que os artefatos criados são utilizados em situações que costumam ser marcantes ao psiquismo humano, esta energia de sutil vibração é afetada gravemente; trocando em miúdos, os fatos marcantes ficam gravados na aura do objeto utilizado.

- Cite um exemplo. Disse Nellys.

- Imaginem um anel de casamento. Nele, por estar contida a vida inteira de um casal, seja vivenciando momentos marcantes do mais belo amor, seja vivenciando momentos de angústias vividos em situações negativas, como traição, perda do ente querido ou até mesmo, um assassinato passional. Um médium de psicometria, bem treinado e consciente da gravidade que esta responsabilidade exige, pode ser capaz de captar essas experiências, boas ou ruins, vividas pelo usuário do anel de casamento em questão.

- Espera aí, deixe-me ver se eu consegui entender bem o que vocês estão dizendo. Quer dizer que todo objeto tem uma história gravada em sua própria aura e têm médiuns que são habilitados para ler os arquivos mentais que ficaram impregnados em um artefato inanimado?

Marie Anne parecia nem acreditar no que acabara de ouvir, aquilo para ela era algo extremamente novo e, até certo ponto, parecia ser surreal.

Luiz Carlos interveio na explicação ao se referir que todas as criações, inanimadas ou não, possuem uma espécie de aura ou fluido vital envolvendo-as, sendo que esta camada de inimaginável sutileza sofre influência direta do ainda grosseiro psiquismo do ser humano.

- Imaginem vocês o tamanho do poder que uma palavra, um pensamento ou até mesmo um ato pode ocasionar no dia a dia dos encarnados. Muitos deixam-se influenciar por sugestões alheias, a ponto de adoecerem por, simplesmente, alguém lhes dizer que sua tez está mais pálida. Se o pensamento ou uma palavra sugestiva pode curar pessoas, tanto quanto fazê-las adoecer, porque não podem também deixar suas marcas nos objetos?

O silêncio foi geral. Talvez tenha durado o tempo necessário para que cada um pudesse, ao seu modo particular, digerir todas as informações que acabaram de ser transmitidas.

Empolgado, Luiz Carlos prosseguiu:

- Muito bem meus queridos, agora vamos à prática. Antes de tocar nesta espada samurai, quero que se esforcem para focalizar a aura dela.

Lembro-os que, originariamente, ela foi criada aqui entre nós, no mundo espiritual, porém, este exemplar original, que foi a inspiração daqueles que se encontram no plano físico, entre os encarnados, reflete exatamente os acontecimentos vivenciados pela cópia humana. Digamos que esta espada que está diante de vocês pode revelar as nuances vividas pelas pessoas que manusearam a sua criação, utilizada no Japão antigo.

Todos se concentraram para tentar visualizar a aura do objeto samurai, não foi uma tarefa inicialmente fácil como se imaginava. Depois de inúmeras tentativas, Gustavo se manifestou dizendo que estava conseguindo ver uma coloração verde musgo ao redor dela e, em toda a sua extensão, havia sinais escuros em tons de preto e vermelho.

Luiz Carlos, sorrindo, disse que aquele era um bom começo, mas muito mais seria necessário para poder ler o contexto que marcou aquela espada. Após perceber que as tentativas estavam sendo um tanto infrutíferas, ele pediu para que o jovem Frederico se aproximasse mais daquele artefato japonês. Apesar da quietude daquele rapaz, uma mistura de timidez e acanhamento, ele aos poucos foi conseguindo vencer a si mesmo. Num piscar de olhos, viu-se diante da espada e, ainda sem tocá-la, começou a descrever as imagens que invadiam sua mente naquele instante.

- Vejo dor! A mata é muito densa, ouço gritos, mas o frio que me assola parece falar mais alto aos meus ouvidos. O tilintar das espadas pode ser ouvido de longe... parece ainda muito distante daqui. A saudade da família, mulher e dos dois filhos pode ser sentida também.

Marie Anne perguntou muito espantada:

- Como isso é possível? Como ele consegue ver tudo isso?

- Frederico tem uma habilidade nata de conseguir ler a aura dos objetos, um dom raríssimo, e assim como um diamante bruto, requer uma lapidação para justificar o devido valor do que tem em mãos. A mediunidade dele está cada vez mais aflorada. Por hora, em sua vida cotidiana ele consegue muito bem se controlar, mas até quando? Hoje ele está tendo uma oportunidade maravilhosa e única de estar aqui, reunido entre amigos, todos dispostos a ajudá-lo a melhor lidar com essa força infinita que flui de dentro dele. Consigo ver em seus olhos que o nosso mais novo amigo, Fred, tem ciência da importância desta noite na vida dele. Disse Ângelus ao perceber o olhar de agradecimento do médium psicometra.

- Agora pode tocar a espada. Segure-a em suas mãos Frederico. Orientou-o atenciosamente Luiz Carlos.

Frederico respirou profundamente, entretanto, antes de tocar a bela criação, disse em sincera expressão, o quanto ele estava feliz e agradecido.

Ao ter em mãos a antiga espada samurai...

07 O SENHOR DA GUERRA

A interminável e angustiosa espera pelo comandante do Clã das Serpentes Vermelhas já perturbava a todos os abomináveis seres que o aguardavam. A cada minuto que se passava, o ódio nutrido pelo líder aumentava a ponto de transparecer a um simples olhar. A todo custo, evitavam demonstrar desconforto, pois poderia soar como fraqueza perante os demais, então, a postura e calculada frieza eram milimetricamente pensadas. O que mais pesava no ar e incomodava os outros membros do Clã, era não ter conhecimento exato sobre o assunto que se tratava aquela reunião.

O número três na hierarquia chamava-se François. Mantinha-se em completo silêncio, apenas fitava os demais no intuito de obter alguma leitura mental. Da mesma forma, esforçava-se para controlar os próprios pensamentos, pois tinha conhecimento sobre a habilidade do seu mestre em interpretar as diversas formas de pensamentos emitidas por seus subalternos. Sua aparência extrafísica era exteriorizada por um semblante com características ríspidas, sisudas, as sobrancelhas eram exageradamente grossas e mantinha sempre a testa franzida e um mal humor inimaginável, o que lhe proporcionava um aspecto intimidador.

François era o membro responsável pelas atividades de sequestro de duplos etéricos. Induzia os encarnados ao coma e deixava-os vegetando por longos períodos, tempo suficiente para realizar suas experiências com o corpo espiritual, que faz a intermediação entre o corpo físico e os demais corpos sutis do ser humano. O duplo etérico é considerado como fonte de energias diversas e aptas a serem utilizadas em criações astrais parasitas - origem primária dos chacras - que proporcionam vitalidade e bom funcionamento ao corpo humano, sendo uma usina produtora de força e de ectoplasma.

As vítimas escolhidas pelo Clã possuíam posição de destaque, pois a tarefa despendia inúmeros esforços. Muitas vezes os planos tinham que ser abortados e nova obsessão complexa era direcionada antes de tal feito ser tentado novamente. Desde que descobriram a infinidade de recursos proporcionados pelo duplo etérico, François, a mando do Clã, investiu com sucesso em técnicas ainda não reveladas à obtenção deste corpo. Porém, sabe-se que pesquisas que seriam consideradas antiéticas à Ciência Humana, estão em pleno andamento nos principais laboratórios umbralinos do Clã, e suspeita-se que uma parceria com cientistas encarnados está a ponto de se concretizar a nível físico. Ou seja, cientistas encarnados estão em fase de exploração e execução de experiências com o duplo etérico de cobaias, tecnologia fornecida através do desdobramento pelo sono físico desses cientistas, que recebem as informações de como procederem em seus laboratórios secretos através de intuição e, evidentemente, hipnose e obsessão, quando de posse da consciência física.

O terceiro da organização, François, quando encarnado, fora iniciado nas artes ocultas, mestre grão maior em Alquimia. Optou por postergar ao máximo sua reencarnação, juntou-se ao Clã das Serpentes Vermelhas por estar seduzido com a ideia de ter liberdade total e irrestrita nos experimentos mais insanos que a mente humana poderia conceber. Além disso, o temor em retornar à carne em um corpo anencéfalo, que o impediria de dar continuidade aos experimentos, o afastava da ideia mais clara e racional, a de aceitar a nova vivência na carne.

Recentemente tivera um de seus principais laboratórios astrais invadido e dominado pelas equipes espirituais de luz, que deram um banho de água fria em sua principal experiência em andamento. Os mensageiros de luz, liderados por Pai Joaquim, conseguiram capturar um clone astral em alto grau de estabilidade psíquica e evoluído a nível de ser inserido entre os encarnados e ser percebido como tal, como um vivente de grande influência nacional e *status* mundial. Por causa dessa derrota, sentia-se na berlinda e temia ser castigado pela perda do maior projeto laboratorial em atividade do Clã das Serpentes Vermelhas. (Vide obra que dá origem à trilogia: "Sinais dos Tempos – Um Novo Amanhã").

Evidentemente, não podia deixar que os demais percebessem sua tensão com o próprio futuro; temor, naquela sala, ninguém queria transparecer, mas certo que todos temiam o que estava por vir. Sem muito sacrifício, demonstrava grande pompa diante dos colegas. A arrogância não deixava brechas para falácias e evitava qualquer tipo de comentário pertinente aos seus feitos científicos. Mesmo sendo o terceiro na hierarquia, somente o líder absoluto do Clã estava a par da totalidade de seus experimentos.

Aquela reunião de seres umbralinos fervilhava em pensamentos ardilosos, até que o silêncio foi quebrado pelo número dois, um espírito franzino que mais lembrava um *nerd* da atualidade. Gargalhadas estridentes afinetavam os ouvidos dos demais e podia-se perceber o nervosismo que deixava pistas no ar; talvez foi essa a forma que ele escolheu para dar vazão ao seu próprio medo e quem sabe, sondar algo mais, pois ele também não sabia o teor daquele encontro. Impaciente, receava sobre os rumos daquela reunião. Não mais suportava a espera que, em termos de tempo, da forma que entende-se na Terra entre os vivos, já havia ultrapassado intermináveis seis horas de atraso. Apesar de sua aparência frágil, era possuidor de crueldade descomunal, responsável direto pelo domínio mental de grandes lideranças políticas, chefes de multinacionais armamentistas, químicas e biológicas. Influenciava os fabricantes de vacinas, que para o público encarnado era a salvação, mas de fato, era o criador de algumas doenças. Sua arte estava em manipular os desenvolvedores de armas biológicas, instigar um novo conflito mundial. Era o braço direito da serpente maior. Sob sua responsabilidade direta estavam mais de cinquenta mil espíritos entre encarnados e desencarnados, uma verdadeira legião, habilmente comandados por ele.

De repente, um zumbido aterrador tomou conta de todo o recinto. Luzes negras intercaladas com fortes holofotes vermelhos e simbologia antiga surgiam nos quatro cantos. Uma mistura de imagens hipnóticas, cheiro forte de enxofre e som perturbador eclodiam em intensa velocidade. Do nada, o silêncio absoluto, e simplesmente ao voltar à normalidade, lá estava ele, o número um, em pé sobre o seu trono dizendo:

- Saúdem o seu soberano senhor, o senhor da guerra!

Aos olhos desavisados, o fundador do Clã das Serpentes Vermelhas possuía uma beleza quase que indescritível; um ser de aparência andrógena, com corpo delicado, pele levemente pálida, lábios perfeitamente simétricos, e impressionava com seu rosto de traços finos e bem contornados, assim como os longos cabelos ruivos. Difícil compreender o antagonismo daquele ser, tanta malignidade em uma aparência quase angelical.

Mas como costuma-se dizer entre os encarnados: "as aparências enganam". Todos ali pareciam sofrer forte hipnose. Os olhos daquele ser eram de uma frieza profunda e amedrontadora, de fazer sentir-se no fundo da alma. Os outros quatro membros eram soberbamente envolvidos pela aura de cor escarlate do número um.

Por mais alguns minutos fez-se um silêncio arrematador; essa era uma das principais estratégias de perturbação psicológica de que utilizava para manter-se indefinidamente no topo da hierarquia, além, evidentemente, da impiedosa e implacável crueldade que tratava seus inimigos, ou qualquer um que ousasse desafiá-lo ou infringir as regras por ele impostas. Dentro do Clã, possuía conhecimentos secretos que deixavam os outros sem reação alguma, por exemplo, era o único que sabia manipular com maestria as vestimentas perispirituais dos outros membros do Clã. Devido ao grau avançado de degradação ocasionado pela repulsa à nova reencarnação, sofriam os efeitos que o tempo lhes causava à tessitura perispiritual; com essas invenções, podiam postergar por mais tempo a permanência extrafísica.

- Como sabem, temos sofrido baixas incalculáveis em nossa investida contra a humanidade, além de nossos intentos contra os territórios ainda dominados pelos terríveis Dragões. Não bastasse isso, ainda temos que enfrentar os Mensageiros da Luz, com suas equipes de especialistas formadas pelos pretos velhos, caboclos, guardiões e alguns médiuns encarnados que se atrevem a entrar em nossos domínios, todos liderados pelo cordeiro planetário; sabem de quem eu me refiro. O momento é de muita preocupação! Estamos prestes a sofrer o degredo para um orbe primitivo, ainda mais atrasado que quando chegamos aqui na Terra, há milênios. Só nos resta uma saída: prolongarmos ao máximo a nossa permanência aqui. Precisamos avançar em nossos planos, conquistar frentes de batalha, aí sim, poderemos barganhar com os malditos seres de luz. Espero que vocês jamais esqueçam a experiência de ser banido para um planeta inferior. Não aceito que ninguém aqui se acomode e tenho certeza que ninguém quer que isso nos ocorra novamente. Pelas informações que recebemos dos nossos espiões plantados nos centros espíritas, o outro planeta que será utilizado para o expurgo definitivo é infinitamente pior daquele estágio no qual se encontrava a Terra quando fomos mandados para cá. Mas a nossa permanência aqui se concretizará longe do corpo físico, que só serve para atrasar a nossa evolução e a derradeira liberdade. Não há mais espaço para falhas! Não admito nenhum deslize dos meus comandados. Por falar nisso, qualquer ato, por menor que seja e resulte no mínimo prejuízo ao Clã das Serpentes Vermelhas, não sairá impune!

Neste momento nenhuma palavra foi dita, sequer um suspiro foi ouvido; apenas a sensação de terror pairava no ambiente já infestado por larvas astrais e parasitas, apenas pela presença do número um, que continuou a falar apontando diretamente para Sir Robert:

- Você falhou em uma tarefa simples, destruir o Centro Espírita Sol Maior. Bastava concluir o que eu lhe ordenei: obsediar e decretar a derrocada dos principais médiuns daquele lugar. A desordem e o fechamento daquele centro era crucial aos nossos planos. Por sua incompetência, alguns dos médiuns assíduos daquela casa espírita podem ser decisivos na batalha final, aliados aos Espíritos de Luz, que juntos certamente irão interferir em pontos cruciais da nossa estratégia, que por sinal é muito complexa para as mentes simplórias de qualquer um de vocês. Agora, como punição meu caro Robert, você pessoalmente vai assumir a missão de vampirizar um alvo bem específico, inclusive fazendo das energias dele a sua fonte de sobrevivência vital. Você não mais usará os artifícios que lhe proporciono para manter sua carcaça espiritual.

- Mas não foi culpa minha...

Sir Robert tentou argumentar quando foi atirado ao encontro da parede na outra extremidade da sala. Apenas com um forte gesto, o senhor da guerra manipulou forças astrais que causaram tremendo impacto naquele que falhara em suas responsabilidades. Ainda desnorteado e atirado ao chão, pôde ouvir o restante da punição que o aguardava.

- Importante que saiba, você não deverá sugar toda a vitalidade do alvo, apenas o necessário para facilitar a subjugação dele, e evidentemente, manter também a sua coexistência parasitária ao obsedado. Caso você tenha sucesso, talvez, em algumas décadas, eu reveja sua punição, mas enquanto isso, você será nada mais que um mero vampiro ao meu comando e desejo. Designarei Esteban para ficar no seu encalço, melhor dizendo, em perfeita simbiose com você e também dividirá a cota de energia vital e ectoplásmica que lhe é devida.

Esteban quase foi levado a ultrapassar os seus próprios limites de respeito ao superior, pois também estava sendo rebaixado à função degradante de simples obsessor, que necessita vampirizar alguém para manter-se no plano espiritual e ainda mais revoltante para ele, era ter que fazer companhia àquele cujo sentimento somente tornava-o mais odioso. No entanto, não arriscou pronunciar uma palavra sequer, apenas abaixou a cabeça, engoliu a seco e consentiu com o que lhe fora determinado, mas mal podia esperar o momento da desforra. Todos ainda estavam imóveis e tensos, pois o número um não acabara de delegar as ordens.

- François, diga-me como foi possível perder um dos nossos principais trunfos para aquele Preto Velho?

O senhor da guerra referia-se ao Pai Joaquim e sua equipe de mensageiros luminosos. Prosseguiu, enquanto os olhos sádicos dos demais torturavam François e se divertiam ao imaginar o que estava por vir.

- Sob sua responsabilidade estava o desenvolvimento do clone de um ex-presidente brasileiro. Nossas pesquisas para obtermos a derradeira tecnologia e utilizá-lo entre os vivos estava muito próxima da conclusão. Com a perda do nosso principal centro de pesquisas tivemos um retrocesso sem precedentes, seu erro é imperdoável!!!

O senhor da guerra cuspiu larvas pestilentas envoltas em um tipo de musgo ácido, enquanto impunha firmemente suas mãos sobre a cabeça de François. Um súbito desmaio ocorreu e imediatamente os espectros que formavam a guarda pessoal do líder do Clã adentraram na sala com incrível rapidez e, com sincronismo militar invejável, agarraram o corpo perispiritual de François e o levaram para um local até então desconhecido. Seria o seu fim? Até agora não temos conhecimento a respeito.

Chegou a vez do número dois de ouvir. Ele controlava-se para não tremer diante do líder, fato que demonstraria fraqueza perante os demais que ainda observavam o desenrolar da cena, pois eram seus subalternos diretos.

- Mentecapto e incompetente, até agora não conseguimos que os políticos deste maldito país do cruzeiro aprovem leis que liberem definitivamente o consumo de maconha; depois, para outras drogas, o relógio andará mais rápido. Estamos perdendo território, pois você sabe muito bem que quanto maior for o número de usuários, melhor para nós, mais facilidades teremos em dominar a fraca e corrompida mente dos encarnados, adeptos inveterados do consumo de substâncias químicas. Esses seres serão nossos soldados marionetes encarnados, controláveis com a ponta dos nossos dedos.

Sem exitação, o número um prosseguiu com seus mandos:

- Você vai atuar diretamente na indução mental de um político de grande influência no já corrupto Congresso Nacional. Além do mais, a sua pessoa é muito bem vista para poder convencer a opinião pública. Faça-o ir à mídia, ele já está sob nossos domínios, visto que já pertenceu ao nosso Clã e, encarnado, ele é muito útil aos nossos interesses. Lembre-o que ele nos deve muito, inclusive a conquista da posição político-social dele, é graças ao nosso poder de comandar a massa obtusa. Você tem até o final desta estação para trazer resultados que me agradem. Agora sumam daqui todos vocês e cumpram os objetivos que eu determinei!

Sozinho na sala, o senhor da guerra, que assim se autointitulava, arquitetava o seu plano, cujo objetivo era a liberação dos entorpecentes, crucial aos seus propósitos sombrios. Sabia muito bem que o psiquismo viciado é uma mente dominada com extrema facilidade e pode ser usada ao bel-prazer dos espíritos inferiores. Além do mais, magistrava outro plano paralelo: em andamento estava o sucesso em subjugar um determinado encarnado. Intimamente, ele tinha ciência que o fim da escuridão estava próximo, o Cristo já os havia alertado quase dois mil anos atrás que a queda dos impérios trevosos estava por findar. A atual transição planetária o incomodava muito. Para ele, pouco importava a permanência dos seus seguidores; egoisticamente, elaborava um plano só para si. De alguma forma tentava deslocar-se para planetas em outros planos astrais, porém a atração magnética que a Terra exercia sobre seu perispírito era inconfundível e irresistível. Pensava em como iria escapar da deportação inevitável para um orbe inferior; ao invés disso, queria voltar para o orbe de onde se originara e que há milênios fora expulso. Ao menos queria ter com o que barganhar com os espíritos de luz, para, no mínimo, continuar senhor dos seus próprios domínios e líder autoconsagrado do Clã das Serpentes Vermelhas. Continuou por mais um bom tempo remoendo-se em segredo.

08 QUINZE ANOS ATRÁS

Maria, que abandonara Antônio há uma década e meia, encontrava-se em um aposento hospitalar acompanhada da irmã mais velha, que há quinze anos a acolhera com ternura ímpar, assim como ao bebê que ela trazia em seu ventre, Jorge. Atualmente, sua condição de saúde requeria cuidados especiais e forte medicação para amenizar as dores da enfermidade crônica que estava tirando-lhe os movimentos e paralisando gradualmente o funcionamento dos seus órgãos internos. Ao seu lado, a irmã não desgrudava um minuto sequer; com os olhos atentos e sempre em prontidão, ajeitava o travesseiro para melhor acomodar a caçula, que, devido à sedação, podia esquecer as dores físicas que a afligiam. Entretanto, as dores causadas pela rebeldia e repulso por parte de seu filho Jorge, medicação alguma poderia aliviar e, muito menos, fazê-la esquecer-se.

Há mais de duas semanas o filho adolescente não a visitava nem dava sinal na casa da tia onde morava. A mãe bem que tentou prevenir e orientar o menino sobre as companhias com quem ele estava andando, como toda mãe atenciosa. Pressentia algo errado com o filho, mas devido à necessidade diária de trabalhar para o sustento familiar, mal sobrava tempo para conversar com ele. Maria chegava em casa altas horas da noite e Jorge nunca estava. Trabalhava como empregada doméstica em casa de gente rica e não podia se dar ao luxo de faltar ou chegar atrasada um dia sequer; temia perder o emprego e não ter como arcar com os custos mensais.

No leito hospitalar, conseguiu balbuciar uma frase ao ouvido da irmã mais velha.

- Por onde anda esse menino?

A resposta da irmã foi o silêncio em um primeiro instante, depois, ao observar a tristeza claramente estampada no rosto da enferma, a tia de Jorge disse:

- Ele deve estar bem. Você sabe como essa juventude é avoada, não é mesmo? Sorriu para tentar confortar as preocupações maternais da irmã. Todavia, o pensamento real que lhe passava pela cabeça era a possibilidade do menino estar preso ou metido em alguma confusão séria; quem sabe, até morto ele poderia estar.

Enquanto isso, em um matagal no alto de um morro, do outro lado da cidade, Jorge elaborava com seus comparsas os locais que cometeriam novos furtos para poder manter o vício em entorpecentes. Após dividirem a mesma seringa, os efeitos alucinógenos já estavam se manifestando e, simultaneamente, a corrosão química agravava o estado dos corpos espirituais desses adolescentes. Jorge era o chefe do bando por ser considerado o mais louco do grupo; chegavam ao patamar de reverenciar sua imprudência e falta de bom senso. Mal podia ele imaginar que estava fazendo parte do mirabolante plano das trevas; como pretendido, ele serviria de soldado encarnado ao dispor da vontade dos trevosos pela falta de livre arbítrio provocada pela viciação em drogas; facilmente seria conduzido pelos obsessores do Clã das Serpentes Vermelhas.

Jorge era mais um dos obsediados escolhidos para servir aos ímpetos nefastos dos espíritos inferiores. Sua inclinação à vida desregrada e de dependência química, além das condutas criminosas, o gabaritaram para que tal feito fosse concretizado. Ainda, o Clã levou em consideração as vidas pretéritas do rapaz, repletas de iniciações nos mesmos desvios de conduta moral que revive atualmente.

As provas da vida são assim mesmo: se falharmos em determinada área, em outra encarnação somos colocados a reviver a mesma situação, geralmente com os mesmos algozes, para que através da lei do esquecimento do passado possamos caminhar em direção à evolução espiritual, ajudando-se mutuamente. Nem sempre o espírito atinge a maturidade esperada para cumprir a sua missão, tropeça novamente nas mesmas pedras antes encontradas, não regride, porém, estaciona no mesmo lugar até que, com suas próprias forças, avance em direção a Deus, que jamais deixa-nos em desamparo.

O ardiloso Clã obteve detalhes das vidas anteriores de Jorge através da visualização das múltiplas personalidades passadas que compunham o ego subconsciente do rapaz; literalmente ele foi pesado, medido e avaliado. Souberam como atraí-lo aos velhos hábitos, instigando-o dia a dia, cada vez mais. Não foi muito difícil romper as resistências psíquicas dele, pois a maior brecha que ele poderia abrir às trevas já estava bem escancarada, ao culpar Deus por não ter conhecido o seu pai biológico e, inconscientemente, também incriminava sua mãe por isso. Esse fator primordial foi decisivo para fomentar a aproximação dos espíritos inferiores ao seu redor. Jorge mantinha imenso rancor pela sua mãe por evitar tocar em qualquer assunto pertinente ao pai; não sabia nome, sobrenome e muito menos o paradeiro do progenitor. O garoto não desconfiava que a intenção da mãe era protegê-lo de maiores decepções; queria evitar que o filho se desiludisse ao saber que o pai sequer se importava com a sua existência.

O fato de não ter relacionamento afetivo com o pai, desencadeou, logo na infância, o desejo inconsciente de suprir a falta de amor paterno com algo que tentasse preencher o seu vazio existencial. Escolheu o caminho mais comumente utilizado neste tipo de caso: camuflar o vácuo emocional com o uso de drogas. A rejeição dos pais é dilacerante a qualquer ser humano. Jorge não pensou duas vezes em experimentar, aos onze anos de idade, todo tipo de droga que lhe ofereciam.

O ódio e o desprezo pelos antepassados, no caso de Jorge, a profunda mágoa e revolta contra os pais, também provocou o interesse do Clã em obsediá-lo, visto a distorção de valores morais eminentes naquele rapaz.

No minuto exato em que Jorge acabara de injetar a segunda dose, um arrepio incomum e congelante atravessou o corpo do rapaz da cabeça aos pés, como se a coluna dele se transformasse em uma ponte de gelo. Jorge não deu muita relevância a isso e pensou que fosse um efeito daquela droga... seria apenas mais uma viagem. De todos os pensamentos que poderiam passar pela sua cabeça, jamais suspeitaria que naquela exata hora sua mãe acabara de desencarnar no hospital. Os médicos estavam preenchendo o prontuário que atestava o óbito da paciente.

No recinto hospitalar, uma equipe espiritual de luz aprontava o desenlace entre o espírito e o corpo físico inerte; este é um momento delicado para todos os seres, é o do retorno à pátria espiritual. Maria estava um pouco desconcertada e não atinava muito bem os próprios pensamentos. Sem saber com precisão o que estava acontecendo, foi encaminhada, junto com os enfermeiros de luz, ao posto de socorro espiritual "Antures", próximo à crosta que servia de ponto de tratamento e conscientização de recém-desencarnados, antes de ser conduzida aos planos astrais. Em breve ela estaria consciente de toda a situação e amparada pelos amigos e familiares espirituais para seguir na nova jornada, desta vez do lado de cá da vida, no plano além-túmulo.

09 LEITURA PSICOMÉTRICA

Dentro do Centro Interativo de Psicometria, Frederico mantinha em suas mãos a espada samurai. Mesmo em estado de desdobramento espiritual pelo sono físico, a consciência do rapaz entrou em uma espécie de catarse e começou a falar:

- Observo um hábil artesão aquecendo o metal em uma fornalha artesanal. Percebo que o homem que a confecciona tem grande dedicação pelo seu ofício; posso sentir que ele executa essa função desde criança... herdou do pai o carinho pela arte de produzir espadas perfeitas. O suor em sua testa escorre como uma cachoeira devido ao esforço físico e ao calor. Aquela espada vai ganhando formas definitivas, moldada aos duros golpes de uma pequena marreta; de tempos em tempos, o artesão para e analisa atenciosamente sua obra. Posso ver em seus olhos o orgulho estampado; enquanto a espada recebe um choque térmico, o vapor condensa a sua visão. Alguém se aproxima do artesão e os dois cumprimentam-se, curvando-se levemente, sinal de reverência mútua. Essa pessoa que acabou de chegar parece ser o líder daquela aldeia, senhor de postura ereta e vestes tradicionais, observa a espada em construção detalhadamente. Parece que está sendo moldada especialmente para ele. Verifica as inscrições que estão sendo gravadas ao largo da lâmina. Não sei ler japonês, mas consigo sentir que a escrita representa o sentimento de honra em servir ao imperador japonês da época.

Frederico parou por uns instantes a descrição dos fatos que visualizava através da leitura áurica da espada samurai e, logo após se recompor, recomeçou a narrativa.

- Agora o líder, senhor Sizumo, maneja com muita perícia a espada reluzente, demonstra muita destreza em seus movimentos, empunhando-a. Percebo que ele agora está reunindo todos os seus guerreiros samurais a pedido do seu imperador. A convocação é para proteger o território nipônico contra os invasores de águas distantes, assim os denominam. Destemidos, os samurais cavalgam ao encontro do inimigo.

A descrição de Fred estava cada vez mais interessante, pois o jovem médium conseguia captar através da criação astral da espada, mentalizada nos planos espirituais, a exata história da cópia criada no Japão antigo. Todos pareciam boquiabertos com os relatos que ouviam, ansiosos por mais detalhes, redobravam sua atenção em cada palavra que o médium prosseguia narrando tranquilamente:

- Sizumo jurou para si mesmo honrar a pátria mãe, respeitar a família e venerar os antepassados, e para que esses preceitos continuassem preservados nas próximas gerações, estava disposto a dar a vida em troca da filosofia que herdara de seus pais. Esses conceitos estavam gravados na intimidade da sua mente desde a infância, mas agora via-se reunido com mais uns trezentos samurais, e ele elaborava a estratégia com seus chefes de pelotão. Antes de dispersar os combatentes, instigou-os a assumir seus postos com a espada direcionada aos céus; exaltava-os, encorajando-os com palavras determinadas e de teor nacionalista e, principalmente, incentivava-os a não temer a morte.

- Pela pátria e pela família, honraremos por toda a eternidade!

Reverenciou o seu pequeno exército em forma de respeito e consideração pelos valentes homens que o seguiriam até o fim, na batalha que se aproximava.

Frederico disse que estava começando a ficar difícil se concentrar na interpretação áurica da espada samurai, pois ainda não estava habituado a tamanho exercício mental exigido por esta faculdade mediúnica. Sentia que suas reservas energéticas estavam se exaurindo. Ângelus aproximou-se do jovem e colocou suas duas mãos sobre a cabeça dele aplicando uma intensa transferência de energias; imediatamente, Fred demonstrou novo ânimo em prosseguir:

- Na calada da noite, enquanto cobria a última linha de defesa da sua aldeia, Sizumo ouvia os gritos e os tilintares das espadas ficarem mais próximos de onde estava. Possuía o olhar sereno e mantinha a atenção redobrada a cada suave movimento. Por breves instantes deixou-se levar de volta ao aconchego do lar, lembrou-se da esposa dedicada e dos pequenos filhos que o orgulhavam muito. Por sua família, a espada que tinha nas mãos não teria pena de ninguém naquela noite de lua cheia. Fez silenciosamente sua prece e, em toda velocidade, correu ao encontro dos três inimigos que haviam conseguido ultrapassar todas as linhas de defesa, até chegarem ali, na última fronteira que os separava da aldeia samurai, onde somente encontravam-se mulheres, crianças e os registros de toda a vida de Sizumo. Bastaram três golpes fatais com a espada e logo havia três homens sem vida, estirados ao chão.

Ao narrar este fato, Frederico derrubou a espada astral e desmaiou. O médium em desdobramento espiritual repousou até recobrar os sentidos e despertou em choro convulsivo, causado pela triste sensação de agonia que obtera ao realizar a leitura áurica da espada. Ângelus novamente intercedeu por ele:

- Você deve ser forte! Em breve você será reacoplado com plena vitalidade e disposição ao corpo físico, mas antes deve nutrir o seu subconsciente com as impressões vivenciadas aqui. Todas as lembranças desta noite serão de fundamental importância para o seu correto desenvolvimento mediúnico e na tarefa que o aguarda.

Frederico recompôs-se e caminhou em direção a outro objeto em exposição: a arma utilizada na independência norte-americana. Desta vez não exitou em tocar manualmente aquele artefato bélico; *flashes* desconexos invadiam sua mente como relâmpagos, mas aos poucos, aquilo que lhe parecia como um quebra-cabeça complicadíssimo foi tomando forma e a intensidade das imagens foi diminuindo gradativamente; um filme mental formava-se e ia sendo narrado:

- Vejo um soldado de patente rasa que segura em suas mãos trêmulas pelo nervosismo, a carabina; menino de aproximadamente dezessete anos, talvez um pouco mais. Posso sentir que ele não queria estar ali, mas por seu pai, sentiu-se na obrigação de lutar pela sua pátria. Há poucos dias perdera o irmão mais velho em combate com os casacas vermelhas, assim eram chamados os soldados que defendiam o império britânico. Ele olhava para a arma com pouca admiração, e rezava a oração que sua mãe lhe ensinou desde tenra idade. Pedia ardentemente jamais ter que usar aquela arma contra outro ser humano, entretanto, sabia intimamente que seria algo inevitável. Agora vejo-o marchar junto ao regimento, a maioria dos soldados que estão ao seu redor também são muito jovens, boa parte deles camponeses que estão defendendo suas terras. Por diversas vezes ele confere se está tudo em ordem; teme esquecer algo, apalpa o bolso e encontra alguns pedaços de pão, ajeita o cantil e verifica a bolsa de couro que carrega os projéteis esféricos e também a sacola com a pólvora, cuidando para mantê-la sempre seca. O abatimento moral é bem generalizado, pois muitos sabem que não voltarão a ver seus familiares. Neste pelotão praticamente todos já perderam algum ente em batalhas, país afora, numa matança insana, justificada aos olhos comuns como um mal necessário para a independência da pátria.

Enquanto Frederico refazia-se, Ângelus comentou:

- Que maravilhosa foi a independência brasileira... realmente esta nação está destinada a ser a pátria do Evangelho, mãe acolhedora de todas as raças e credos. A liberdade almejada pelos brasileiros em relação aos descobridores da terra do cruzeiro foi um plano minuciosamente elaborado pelos espíritos superiores e, principalmente, seguido à risca por todos os elementos encarnados, pois aqui no Brasil nenhum disparo foi realizado e, pacificamente, esta terra abençoada tornou-se independente da dominação portuguesa.

Frederico continuou:

- Este rapaz chama-se Davis Stanfford. Também consigo perceber que no bolso interno do seu casaco ele carrega uma carta que exala um sentimento materno.

O senhor Luiz Carlos fez uma breve interrupção e pediu ao Frederico que concentrasse sua atenção na carta, incentivando-o a absorver o conteúdo dela para transmitir aos demais; bastava confiar na capacidade mediúnica e em seu potencial para ir muito além. Ele disse:

- Confia, estais entre irmãos, e os espíritos benfeitores também o auxiliam nesta tarefa, todos estamos caminhando juntos nesta jornada. Eleva os seus pensamentos à imagem sublime do mestre Jesus.

Colocou sua mão direita na fronte do médium e projetou influxos luminosos em tons de dourado, verde e violeta, desta forma desbloqueou os medos e receios ainda insistentes nos recônditos mentais de Fred, que concentrou-se mediunicamente na leitura áurica da carta.

"Amado filho, meu coração de mãe suspira apertado porque sabe que o seu lugar é aqui conosco, dentro do aconchego do nosso lar. Diante da lareira, observando as labaredas que se formam e sentindo o cheiro da lenha queimando, revivo os dias em que você e seu irmão ainda eram bebês, aqui em frente aos meus olhos e ao alcance dos meus braços. Rezo ao bom e sábio Deus que coloque um termo nessa insanidade. Não quero ter a triste surpresa de ter que enterrar os meus dois maiores tesouros; quero-os o mais cedo possível aqui comigo. Não guarde rancor do seu pai por estar na frente de batalha. Ele sempre teve temperamento apimentado! Hoje ele está acamado, sentiu algumas palpitações e preferiu repousar. Acordei com um pressentimento estranho, algo que inquieta minh'alma, por isso meu filho, cuide-se bem e volte logo. Acendi minhas velas e voltei minhas preces para você e seu irmão. Sei que o seu irmão é mais afoito, mas ele é um bom menino e prometeu zelar por você. Sua irmãzinha, Angel, pede para que eu lhe escreva, ela o espera ansiosa para vocês tomarem chá na casa da árvore. Fica com Deus, meu querido! Também enviei uma carta para o seu irmão, diz para ele me responder o quanto antes, pois sinto saudades e preciso saber como vocês estão. Amo-os infinitamente".

Assinado: Constantine.

Frederico mantinha os seus olhos fechados ainda, quando nos revelou que o irmão mais velho havia morrido em batalha no dia anterior à chegada da carta da mãe. Davis não tinha coragem de dar a terrível notícia aos pais. Antes de concluir a leitura da aura daquela arma, Fred ainda informou que daquela espingarda somente um disparo fora efetuado e não comentou o que sucedeu após o solitário tiro.

Ainda restavam dois objetos a serem analisados. Postou-se então diante da ocarina, pegou o pequeno e rudimentar instrumento de sopro e começou a dizer, cerrando os olhos para melhor visualizar os fatos:

- Este objeto deve ter em torno de dez mil anos, fabricado rudemente; posso sentir os instintos daquele que o produziu. Por muitas vezes fora utilizado em cerimônias à alguma divindade, por povos de origem asiática; também sinto vibrações de sua utilização em cultos diversos. Dependendo da melodia emitida também servia, como costumavam acreditar na época, para guiar a alma dos mortos através dos vales nebulosos até o local de repouso eterno.

Não mais pronunciou nenhuma palavra sobre este objeto e começou a olhar com apreensão para a ave fênix; muita curiosidade por parte dele em relação àquela ave. Pensou não ser capaz de conseguir psicometrar alguma coisa, mas lembrou dos incentivos que recebera até agora e, decidido, narrou:

- Ave cultuada na mitologia grega, principalmente pela sua capacidade de renascer das cinzas, desta forma fazia surgir no ímpeto dos gregos uma força descomunal, pois dava-os confiança no porvir, além de ser uma forma de indicar que o espírito não morre, pois costuma renascer mais fortificado. Mas percebo também que os valores iniciais atribuídos à Fênix foram desvirtuados em certo momento da história da humanidade. Na minha mente acaba de surgir a bandeira da Gestapo, a polícia política da Alemanha nazista. Identifico uma águia imponente, mesmo não sendo a ave mitológica de que tratamos, tiveram-na como inspiração fundamental, talvez por carbonizar-se antes de renascer, não sei ao certo. Mas posso entender que absorveram a ideia a ponto de transformá-la em um símbolo de repressão friamente calculada, que incutia medo às pessoas perseguidas e capturadas por eles. Alguns episódios do mais infeliz conflito entre povos irmãos... prefiro não comentar as imagens que me surgem à mente.

Frederico desconectou-se mentalmente da análise psicométrica, e Ângelus informou que restava algum tempo antes do despertar no corpo físico. Colocou Marie Anne próxima a Frederico e explicou a importância do encontro entre eles dois no dia seguinte, quando estariam conscientes de tudo o que acontecera até agora. Todas as lembranças das experiências vivificadas pelo espírito de ambos através do sonho seriam de suma relevância. Ressaltou a necessidade deles se encontrarem pessoalmente, explicando que cada um se deixasse guiar pela intuição, pois estariam muito bem amparados por espíritos amigos. Reafirmou que o Mundo Maior estaria trabalhando por eles e que nada nesta vida é mera casualidade, tudo é causa e efeito com uma razão de ser e de estar. Bastava acreditar e observar os fatos com cautela e muita atenção. Desta forma, despediram-se dos companheiros espirituais após se reenergizarem nos fluidos salutares da espiritualidade superior e despertaram em suas respectivas residências, com nítidas impressões daquilo que haviam sonhado.

10 INÍCIO DA INVESTIGAÇÃO

Tanto Marie Anne quanto Federico acordaram dispostos e com nítidas e fortes lembranças do desenrolar de seus sonhos, quando libertos do corpo através do desdobramento espiritual. Cientes do que deveriam fazer, logo cedo cada um deles seguiu o seu rumo.

Marie Anne foi direto à central de investigações onde trabalhava para ficar a par do incidente ao qual envolvera-se através da orientação daquela misteriosa voz que lhe falara aos ouvidos. Como de costume, ao chegar cumprimentou todos com simpatia e, ao invés de ir ao seu gabinete, foi direto para a sala do seu superior saber mais sobre o que estava ocorrendo e tentar entender os detalhes do caso. Além do mais, estava colocando-se à disposição para assumir oficialmente a investigação. Desinibida e muito à vontade com o ambiente do local de trabalho, disse:

- E aí chefe, como está a situação daquele homem que encontrei agonizando no beco dos ratos?

- Primeiro de tudo, bom dia mocinha! Chegando assim desta forma você lembra seu pai, o meu bom amigo e que Deus o tenha. Bem, sobre o caso, ele é todo seu. Não temos nada concreto, estamos sem pista alguma, apenas conseguimos levantar a identidade do homem. Ele é um mandachuva de uma potência industrial farmacêutica alemã. Até agora não sabemos o que ele veio fazer aqui. Nosso departamento de relações internacionais já entrou em contato com o pessoal da empresa que ele representa.

- O que eles disseram?

- Absolutamente nada. Alegaram desconhecer o paradeiro dele, mas informaram que estão enviando outros dois representantes para ficarem a par do ocorrido e querem acompanhar as investigações de perto. Acho bom darmos o máximo de empenho em solucionar esse mistério, já estou com a embaixada alemã no meu pé. Como disse anteriormente, até o momento nada temos, sabemos que o homem está em coma, e quando o encontramos ainda estava com todos os seus valiosos pertences, desde relógio de grife à carteira recheada de dólares e euros. O que mais nos intrigou foi uma maleta com segredo, cujo objeto não podemos violar. Antes que eu esqueça, também me chamou a atenção uma correntinha de ouro com um penduricalho meio esquisito.

- Onde estão os pertences dele? Posso ver?

- Infelizmente não, a embaixada alemã enviou uma pessoa para recolher todos os objetos dele assim que foi dada a entrada no hospital de referência. De certo não confiam em nós.

- Quem dera, não é chefe? Com o histórico de corrupção em todos os setores de poder, no legislativo, no executivo, no judiciário, sem falar dos casos de policiais associados ao crime organizado. É triste, mas é real! Tenho fé que um dia essa bagunça tenha jeito e não mais a sociedade brasileira esteja nas mãos de criminosos de colarinho branco e nem de alguns hipócritas fardados que juram servir e proteger a população.

- Discurso digno de seu pai. Tenho certeza que ele pensava exatamente assim. Aprendemos muito um com o outro e passamos esse conhecimento aos novatos que aqui chegam, cheio de sonhos e esperanças. Nossa função, além de servir à população, é de estimular os jovens cadetes da força policial a serem dignos do uniforme que vestem e principalmente respeitar o contribuinte através do trabalho honrado e honesto. Somos uma gota d'água, mas certamente, em breve, seremos um oceano inteiro em prol da sociedade brasileira. Eu acredito. Chega de filosofar e vamos pôr as mãos à obra! Em dois dias também terei o pessoal da indústria alemã aqui me cobrando respostas, entende?

- Perfeito, vou analisar minúcias das fotos colhidas e saber se o pessoal conseguiu alguma impressão digital que nos possa dar algum suspeito, precisamos de uma dica para dar o primeiro passo.

Marie Anne estava completamente absorvida com a função em seu trabalho; amava o que fazia, dedicava-se ao máximo para prosseguir no mesmo caminho de profissionalismo trilhado por seu pai, que era seu ídolo maior e motivo de orgulho. Agradecia-o todos os dias por permanecer perto dele, mesmo que fosse só em pensamentos.

Estava diante do computador e ampliava as fotos em alta resolução no intuito de encontrar algo que pudesse ser relevante ao caso. Preocupava-se pensando se algo poderia ter passado despercebido por ela enquanto fotografava a cena do crime, mas nenhum traço que pudesse indicar o autor fora encontrado. Incontestavelmente, não havia nenhum vestígio. Acabara de receber o relatório sobre a análise das impressões colhidas no local, leu e a decepção em seu rosto foi claramente visível, tudo ali era muito vago e inconsistente. Resolveu voltar ao beco dos ratos.

O local estava iluminado pelos primeiros raios matinais, mesclava sombras e claridades. Vasculhou por horas a fio, cansada, sentou-se no banco do carro policial e pôs-se a refletir. Perguntava-se, como seria possível não haver nada, nem um traço de sangue ou outra pista. Comumente ficam vestígios espalhados no local, mas desta vez algo não cheirava bem. Pressentia que algo estava muito estranho. Chegou a recordar uma situação na qual o criminoso deixou cair a carteira com seus documentos e até mesmo com o comprovante de residência, deu risada ao lembrar-se de como foi fácil capturar o bandido trapalhão daquela vez. Mas neste caso era tudo muito nebuloso, pois sentia que não fora um ato meramente motivado para retirar os bens valiosos da vítima, já que o mesmo havia sido encontrado com todos os seus pertences intactos.

Marie Anne estava acostumada com os ossos do ofício, mas sentia uma pressão diferente, talvez por ser a primeira vez que defrontava-se com um incidente de dimensão internacional. Pensou em ir ao hotel em que ele teria se hospedado, mas até agora não conseguiram localizar o possível endereço da hospedagem. Além disso, solicitar a quebra do cartão daquele homem era algo impensável, visto a posição social dele. De súbito lembrou-se do seu sonho e, como que por instinto, soube por onde começar. Precisava seguir o conselho do seu pai, que em uma aparição através de sonho disse para ela procurar o rapaz que lia com as mãos. Associou aquela mensagem ao sonho da noite passada, agora sim, ela conseguiu entender sobre o que seu pai estava falando.

Em uma rua distante dali, Frederico foi caminhando até a casa do médium Francisco, aquele que lhe transmitira o recado do Alto. Buscava munir-se de confiança e também queria pedir conselhos, além de dividir com alguém mais experiente as revelações que obteve em seu último sonho. Chegando ao domicílio do referido senhor, foi informado que Francisco havia saído, mas não tardaria a retornar. A esposa do médium, que também estava intimamente ligada às tarefas mediúnicas, foi intuída a convidar o rapaz a aguardar a chegada de seu marido. Convidou-o para entrar e levou-o até a biblioteca para que ficasse mais confortável enquanto esperava.

Admirou-se com a vasta quantidade de livros que estavam organizados minuciosamente dispostos nas prateleiras da biblioteca particular do senhor Francisco. Sentiu um bem-estar inexplicável ao adentrar naquele ambiente de puro conhecimento sobre os mistérios do outro lado da vida. Foi impulsionado a realizar uma oração simples, porém, sincera. Quando deu por si, percebeu que entre tantos livros havia um que se destacava perante seus olhos. Uma luminosidade dourada o atraiu para aquele exemplar específico, tomou-o em suas mãos, sentou-se confortavelmente na poltrona e ao acaso, como pressupôs, abriu-o no seguinte capítulo...

11 PASSAGEM PARA O ALÉM

O capítulo em questão narrava uma fábula vivida na antiga Arábia. À primeira impressão, Frederico não se entusiasmou a ler, pois não era exatamente o seu gosto pessoal, mas como estava aguardando a chegada do senhor Francisco, Fred começou a ler.

"Certa vez, um rei muito astuto e ganancioso, ávido por riquezas e obcecado por mulheres, determinou que em seu reino todas as jovens prestes a se casarem deveriam ser desposadas primeiramente em seu harém, por tempo indeterminado, para depois contrair o matrimônio com quem bem entendessem. Ao ter conhecimento do dito decreto real, um casal de jovens apaixonados que estava em vias de concretizar a cerimônia matrimonial, decidiu fugir para além do grande deserto, sem fazer alarde do seu intento. Rumaram para o norte, sabiam que o terreno traiçoeiro dominado pelas areias escaldantes era o maior desafio que deveriam vencer, além das armadilhas típicas da árida região. As aparentes dificuldades geográficas e climáticas seriam compensadas quando superadas, desta forma, iriam ter seu próprio oásis, uma vida de amor longe das loucuras do rei.

Por treze noites vagaram lentamente, orientados pela posição das estrelas. O casal aproveitava o refresco noturno para avançar em sua trajetória. Durante o ensolarado dia buscavam refúgio em qualquer lugar que pudesse proporcionar-lhes uma sombra, a fim também de poupar energias para a árdua fuga.

Quando o rei descobriu que súditos haviam fugido, enlouqueceu em raiva; a denúncia partiu da irmã da noiva, enciumada, pois ela desejava casar-se com aquele rapaz. O mandatário real enviou a sua guarda para caçar os fugitivos, ordenou que trouxessem somente a moça, o acompanhante deveria ser decapitado no local. Os soldados partiram munidos de muitos suprimentos e animais de transporte ao encalço do jovem casal de fugitivos.

O casal pressentia que estavam atrás deles. Temiam ser descobertos, e antes mesmo que qualquer coisa terrível acontecesse, fizeram um pacto de sangue, marcando os pulsos com um sinal muito peculiar. Juras de amor eterno foram proferidas à luz do luar, para que a lua fosse a testemunha daquele compromisso. Prometeram que por toda a eternidade procurariam um ao outro, nada os separaria.

Aproximadamente dois dias antes de alcançar o destino final, foram encontrados pelos soldados reais que cavalgavam por toda a noite e nas primeiras e últimas horas do dia, atravessando grandes distâncias desta maneira. Como ordenado pelo rei, o rapaz teve seu fim no momento da captura, mas teve algum tempo para dizer o seguinte à sua tenra amada:

- Eu a encontrarei em outra vida, nossa felicidade será eterna!

A moça concordou em silêncio, somente as lágrimas falaram por ela. Foi levada à presença do rei, que após observar o braço dela marcado pelo pacto de sangue, sentiu-se mal e retirou-se. Refletia em seu suntuoso aposento: como seria possível, aquela marca lhe voltara à mente. Mandou chamar a moça à sua presença, olhou com detalhes a marca dela, ergueu sua manga esquerda e mostrou para a moça o mesmo sinal, um pacto de sangue que fizera anos atrás quando ainda era príncipe e almejava a coroa real. Percebeu a semelhança gritante de ambas as marcas, mandou soltar a moça e ordenou que a presenteassem com joias, flores, frutas e tudo o que ela desejasse. Porém, nada ela aceitou, só desejava uma coisa muito simples, a explicação para tudo aquilo. Sentindo-se envergonhado, o rei mostrou o seu braço a ela e disse:

- Sabe o que isto significa? É a mesma marca que você carrega em seu braço, representa um pacto de sangue que fiz com uma pessoa muito importante na minha vida, que desapareceu há muito tempo.

A moça permaneceu sem entender o que tudo aquilo significava, até que o rei decidiu se explicar melhor e, quem sabe, obter o perdão da moça, até mesmo perdoar-se. Precisava tirar todo o peso que carregava em seu peito.

- Ideia do meu meio-irmão, cujo pacto significava que seríamos irmãos eternamente. Por ele ser considerado um filho bastardo foi banido do nosso reino e, na época, não tive coragem suficiente para enfrentar o meu pai e ir atrás dele. Conformei-me com o luxo e a vida de prazeres que me foi proporcionada dentro do palácio, agora... não mais preciso ir atrás dele, sei onde ele se encontra.

A jovem compadeceu-se da revelação, abraçou o rei com ternura e disse:

- Em uma próxima vida, não mais fugiremos ao nosso destino, nem às nossas responsabilidades... por menores que sejam, são importantes, pois podemos sentir em nossos corações os efeitos daninhos de cada ato, sobrecarregados de egoísmo. Deus é sábio, teremos outras oportunidades para refazermos nossos passos com amor e dedicação a todos, sem distinção e nem abusos por causa da posição social ou financeira.

Em silêncio, cada um tomou o seu rumo, conscientes do que fizeram e ávidos por uma nova chance de reviver.

Frederico fechou o livro pensativo ao mesmo tempo em que o senhor Francisco adentrara à sala. Cumprimentou-o, dizendo:

- Vejo que escolheu o exemplar de contos, muito interessante este livro, nos faz refletir sobre questões básicas e de interesse à evolução do espírito.

- Mas foi o livro que me escolheu. Disse Frederico.

- Geralmente isso acontece quando precisamos absorver algum conteúdo bem específico, ou alguma mensagem que o nosso mentor quer nos passar, espero que tenha servido para você.

- Sim, serviu muito bem. Entendi que cada ação tem uma reação distinta e na mesma proporção do ato original. Além disso, somos chamados a desempenhar um papel que devemos cumprir com amor e dedicação, visando o bem ao próximo, pois se podemos ser felizes nesta vida, para que jogar fora tudo o que conquistamos com atos impensados, não é mesmo?

- Vejo que está disposto a assumir o seu mandato mediúnico.

- Sim, na noite passada tive um sonho muito confortante e principalmente revelador. Adquiri muita confiança, pois sei que não estarei sozinho, vou seguir em frente com toda a fé do mundo.

- E o que você vai fazer agora?

- Vou encontrar uma pessoa.

12 O ENCONTRO

Já passavam das três horas da tarde quando os espíritos Nellys e Gustavo observaram a chegada do médium Frederico ao Centro Espírita Sol Maior, impulsionado por forte intuição gravada em seu subconsciente. Frederico sabia que ali encontraria a moça que fez parte do pequeno grupo que estava reunido na noite anterior, no Centro Interativo de Psicometria.

Sentou-se em um dos bancos do florido jardim, logo na entrada do centro espírita e, atento, cuidava as pessoas que chegavam para a palestra e para receber os atendimentos vespertinos. Assistido por seus amigos espirituais, certamente saberia reconhecer a pessoa certa.

Marie Anne deslocou-se para lá em seu carro particular, pois tinha receio de ser considerada louca por seus colegas de trabalho ao usar uma viatura policial para adentrar no centro espírita à procura de um rapaz com quem sonhara. Estacionou o automóvel na rua ao lado do Centro Espírita Sol Maior, debruçou-se sobre o volante e perguntou para si mesma se não estava fazendo um papel ridículo... tentar encontrar alguém que ela jamais havia visto, e muito menos fazia menção da real existência daquela rara mediunidade, a psicometria. Imaginava até que ponto isso poderia ajudá-la na investigação. Pensava sobre o que falariam dela, tinha toda uma reputação para resguardar. Conhecida pela competência, honestidade e determinação com que abraçava cada caso, conquistou, a duras penas, o respeito e a consideração dos colegas policiais, ainda mais que tentava levar o legado de seu pai adiante, como uma investigadora de faro afinado e de percepção aguçada aos mínimos detalhes. Acreditava que fazia jus ao sangue de investigadora que corria em suas veias.

Saiu do carro e decidiu prosseguir a pé, andou em torno de dez passos, parou e pensou em desistir daquela insanidade. Quando voltava para seu carro, a eloquente voz que ela ouvira em outra ocasião e que a levou ao beco dos ratos, suspirou-lhe aos ouvidos:

- Aonde você pensa que vai mocinha? Não lhe ensinei a fugir das dificuldades! Agir desta maneira, desistindo de esgotar todas as possibilidades, mesmo as mais inviáveis, não parece com nada de que lhe falei a vida inteira.

Agora, com mais calma e habituada à forma de manifestação daquela voz, pôde reconhecer o querido pai. Emocionada, deixou-se tomar de modo quase incontrolável, até ouvir novamente a voz paterna:

- Siga em frente, recomponha-se, acredite em si mesma e no nosso bom Deus! Tenho certeza absoluta que a experiência que está por vir irá transformar radicalmente a sua vida. Agora vá, confie em seu coração, escute-o bem, através dele você encontrará a trilha certa.

Com uma disposição singular, conteve-se para não sair correndo ao encontro daquele rapaz que poderia ajudá-la. As palavras de incentivo de seu pai ficavam ecoando em sua mente, o conforto e o alento há tanto almejados vieram matar a saudade da forma mais inusitada possível.

Ao atravessar o portão principal, sua atenção foi atraída ao lindo jardim. O perfume de algumas das flores a tocavam intimamente, lembranças da infância feliz vieram-lhe à mente por uma fração de segundos, algo irresistível. De repente, seus olhos cruzaram-se com o olhar do rapaz que a observava como uma velha conhecida. Reconheceu a feição muito familiar no rosto daquele jovem que agitava-se ao mesmo instante. Certamente estava sentindo a mesma emoção. Parecia que o coração de ambos recebia uma dose de adrenalina... batiam disparados. Caminhavam um em direção ao outro e, enquanto se deslocavam, o filme daquele sonho real era visualizado por ambos, como um relâmpago. Marie Anne tomou a dianteira no diálogo:

- Estranho, não é?

- Nem me fale. Respondeu Frederico, tentando disfarçar a timidez.

- Parece que nos conhecemos há séculos! Agora diante de você sinto uma familiaridade que mal consigo entender, e muito menos, consigo descrever.

Fred, a duras custas, venceu a vergonha e deu continuidade à conversa:

- Algo me sugere que no começo será um pouco difícil de assimilar tudo, principalmente por termos sido trazidos até aqui através de um encontro que tivemos em sonho, concorda? Mas acredito que será mais fácil do que parece. Bom, já que nada mais soa como loucura, as circunstâncias que me trouxeram até aqui também não foram as mais convencionais.

Enquanto os dois conversavam para conhecerem-se um pouco melhor e tentar entender o que estava acontecendo, Ângelus explicava aos amigos extrafísicos que assistiam fraternalmente àquele encontro:

- Percebam a semelhança da aura desses jovens, analisem a similaridade perispiritual deles. A simpatia entre os dois foi imediata e muito forte.

- O que acontece com eles agora?

- Gustavo, vou lhe explicar. Entre os seres, existe algo que podemos definir como uma espécie de magnetismo que se atrai, não me refiro ao instinto sexual no sentido meramente animal, refiro-me ao magnetismo psíquico, que atrai os semelhantes, aqueles de afinidades muito parecidas, que prezam os sentimentos mais elevados da alma. Quando acontece esse encontro existe uma fusão áurica, não que eles se tornarão um único elemento provido somente de uma aura, ou dividindo o mesmo espírito, não! Consideram-se espíritos encarnados em perfeita sintonia astral e mental, como o tão almejado encontro de almas gêmeas.

- O quê? Eles são almas gêmeas?

- Antes deixe-me esclarecer que o espírito é indivisível e também não foi feito pela metade, mas sim, à imagem e semelhança de Deus, por isso, somos todos perfeitos, pois somos filhos de Deus e Ele não nos fez meio a meio. Alma gêmea é a definição que os encarnados utilizam popularmente para identificar um espírito que se enquadra de modo excepcional ao psiquismo do outro, unidos pelos eternos laços de amor, ou melhor, pelos laços de amor eterno, aquele que liberta, pois o amor verdadeiro liberta. Desta forma, o ser liberto das amarras egoísticas retorna ao lar por vontade própria, essa é a essência do amor: liberdade, respeito e cumplicidade nas coisas de teor elevado como família, caridade e espiritualidade.

Ângelus prosseguiu:

- Olhem agora os centros nervosos de ambos, analisem a forma específica como giram e projetam energias potentes aos órgãos físicos, por isso que muita gente acredita que o amor cura. De fato, o amor libera boas energias através dos chacras, atuando diretamente nos seus respectivos órgãos, fazendo-os funcionar de modo a superar qualquer doença.

- Eles estão girando e emanando vibrações idênticas. Observou Gustavo.

- Sim, neste momento exato a emoção do reencontro os elevou aos planos vibratórios mais altos.

- E como se diz por aí, eles serão felizes para sempre? Perguntou Gustavo.

- Isso, meu irmão, só depende do cultivo deles. A semente já está plantada há séculos, mas todos possuem o livre arbítrio. Vocês bem sabem que para cada escolha existe uma consequência, independentemente do que se optar a fazer. Mas deixamos essa conversa para outra ocasião, e, a respeito do coração humano, deixamos que eles mesmos decidam como agir. Todos concordaram. Já havia decorrido, neste encontro, todos os pormenores vivenciados no dito sonho. Frederico explicou para Marie Anne, que na visão espírita, quando a pessoa está dormindo o espírito dela se afasta momentaneamente do corpo físico, que permanece em repouso. O espírito, então liberto do escafandro corporal, tende a frequentar os planos dimensionais de sua afinidade. No caso específico deles dois, foram aprender preciosas lições em uma região superior, um centro avançado especializado em mediunidades raras.

Marie Anne entendeu que quando seu pai, em sonho, pediu-lhe para procurar alguém específico, tinha sido uma vivência real experimentada por seu espírito junto ao pai já desencarnado. Ela estava bastante eufórica pelos sucintos esclarecimentos que acabara de receber, isso a satisfazia muito, supria um vazio de longa data que ela carregava consigo desde a morte de seu pai. Ficou muito instigada a saber mais a respeito da sobrevivência do espírito e decidiram assistir à palestra que aconteceria em minutos, ali mesmo, no Centro Espírita Sol Maior.

A palestra foi realizada pela médium Clarisse, que abriu a tarefa com uma prece e pediu auxílio aos mentores espirituais, sendo orientada a ler o capítulo terceiro do Evangelho Segundo O Espiritismo, sobre a "Progressão dos Mundos". Ao fim, compreenderam que o progresso da humanidade é uma lei natural e inexorável. Todos os seres da criação estão submetidos a prosseguir em constante evolução. Quanto maior e mais consistente for o crescimento moral dos seres humanos, mais evoluída torna-se a morada planetária, assim, a estadia encarnatória tende a ser cada vez mais agradável, onde a compaixão fraternal impera entre os povos irmãos. Absorveram que a Terra está passando por um período de transformação e deixará de ser considerada como um mundo de expiações para se tornar um mundo regenerador, no qual os habitantes deste orbe viverão em conformidade harmoniosa com a divina lei de amor ao próximo.

Pensaram que o que acabaram de ouvir poderia ter muita relação com o encontro deles. Frederico expôs sua mediunidade e por saber que Marie Anne era investigadora nata, ofereceu-lhe toda a ajuda que lhe fosse possível e ao seu alcance. A moça concordou de imediato, contou que estava numa situação bem difícil por não haver provas sobre a motivação do crime e nem mesmo ter ideia sobre quem fora o autor, até que uma súbita ideia lhe ocorreu:

- Já sei por onde começar! Vou colocar você em contato com os objetos da vítima para que você possa analisá-los com sua mediunidade, quem sabe desta forma conseguiremos uma pista que nos dê um norte a seguir.

Frederico concordou satisfeito e sentia-se muito útil em poder ajudar.

Enquanto isso, na dimensão espiritual, Ângelus designou Gustavo e Nellys para acompanhar o desenrolar do caso e providenciar as vibrações positivas, muito salutares quando necessárias.

13 JORGE

Ainda demorou algum tempo para que Jorge recebesse a notícia sobre o falecimento de sua mãe. Quando soube, sua cabeça parecia pesar uma tonelada, ficou sem chão, desapareceu sem deixar sinais. Nunca mais voltara à casa em que morava com a mãe e a tia, também desistiu de saber o paradeiro do seu pai, já que aquele segredo havia sido enterrado junto de sua mãe.

Passaram-se anos a fio de sutil assédio das trevas sobre ele; hoje, aos trinta anos de idade, o Clã das Serpentes Vermelhas intensificou ao extremo a obsessão complexa exercida sobre o rapaz, que desde a adolescência deixou-se seduzir pela vida fácil e ilusória da criminalidade. Entre idas e vindas aos centros de detenção para menores e depois de algumas passagens por delegacias e presídios, a mente dele estava no estado de degradação e conturbação perfeita aos intentos nefastos de seus obsessores. Mentalmente desiludido e por vontade própria, colocava-se em situações vis para manter-se afastado da presença de Deus, assim ele pensava. Além do mais, era desacreditado perante a sociedade, e a infelicidade viva em seu peito formava o cenário ideal aos algozes da espiritualidade inferior.

Atualmente a perseguição quase que alucinatória era provocada diretamente por Sir Robert e Esteban, espíritos de muita periculosidade, mais revoltosos do que nunca por terem sido rebaixados à execução desta tarefa obsessiva, obedecendo ao Senhor da Guerra. Para eles era muito humilhante ter que, literalmente, vampirizar as energias orgânicas e psíquicas como meio de sobrevivência no submundo astral. Além de manipulado mentalmente ao nível da subjugação, Jorge estava prestes a realizar os propósitos obscuros do Clã. Lógico, associado à obsessão complexa das trevas, o livre arbítrio do rapaz poderia interferir no nefasto plano a ele destinado, mas como já fora minuciosamente estudado, sabia-se que a falta total de pudor e o senso de moralidade completamente desvirtuado dos preceitos Crísticos, tornavam-no o candidato ideal aos espíritos trevosos, pois não havia força moral e cristã capaz de deter a obsessão da qual era vítima.

- Chegou a hora! Exclamou Esteban para o seu comparsa, Sir Robert. Ambos introduziram um espírito em pleno estado de ovoidização nas ligações nervosas do vórtice de força frontal de Jorge. Aniquilavam, desta forma, qualquer resquício de resistência mental que ele pudesse oferecer.

Quando o espírito adquire o formato ovoide e geralmente é utilizado pelas consciências perversas, este torna-se sujeito às mais sórdidas formas de obsessão. Pode ser transformado em um instrumento de teor vibracional muito inferior, ocasionando uma série de sintomas no corpo físico e mental dos obsediados, de acordo com a vontade daquele que se utiliza dessa artimanha desumana. No caso, o número um da organização - o Senhor da Guerra - fez questão de revelar que aquele espírito em formato ovoide era, nada mais nada menos, que o ex-terceiro na hierarquia de poder do Clã, conhecido por François. O chefe absoluto das Serpentes Vermelhas demonstrava, desta maneira, que dominava os demais da forma que bem entendesse. O objetivo claramente era impor respeito e provocar medo através da opressão àqueles que ousassem desafiá-lo e principalmente, aos que falhassem nessa hora tão crucial à sua estratagema.

Outro motivo pelo qual fora utilizado aquele determinado ser em estágio ovoidizado, era devido à sua baixíssima vibração, gerada pela malevolência da mente daquele que chamava-se François. Causaria desta maneira um impacto devastador ao perispírito de sua vítima, que já beirava as vias da loucura.

Conduzido pelos seus obsessores, Jorge preparou-se para mais um assalto, assim eles o faziam crer. No entanto, como de costume, antes de cada ação ingeria grande quantidade de drogas, desta vez injetou-se uma dose cavalar na qual misturara cocaína com outro ópio modificado em laboratório, para potencializar o efeito do entorpecente.

Os seus verdugos vibravam, pois também podiam sorver os resíduos viciosos e mórbidos dessa mistura, exalada junto ao ectoplasma viciado do rapaz. Foi induzido a ir até o aeroporto escolher alguma vítima, provavelmente um turista distraído. Analisava os passageiros que desembarcavam pelo portão internacional. A aparência relativamente cuidada era o disfarce ideal que usava para não atrair demais a atenção dos seguranças. Carregava uma mochila de grife nas costas e assim fazia-se passar por passageiro em conexão.

Sua atenção fora magneticamente atraída a um homem de aparência europeia, traços caracteristicamente germânicos. Desembarcou carregando somente uma valise pequena, a qual fixava o olhar como se tivesse algo de grande interesse lá dentro. Nem os trajes finos nem as joias que deixava aparecer suavemente ao caminhar pareciam lhe interessar tanto quanto aquela maleta. Decidiu segui-lo e aguardar o momento mais oportuno para agir. Subiu em sua moto e acompanhou-o até a saída do táxi, em uma região para ele muito conhecida na cidade.

- Perfeito! Disse Jorge em voz baixa. Seguiu-o de perto por aproximadamente cinco minutos. Imaginava o que poderia estar dentro da maleta, sua angústia e suor aumentavam na mesma proporção que os sintomas da síndrome da abstinência química... impossível conter seus tiques nervosos nessa hora. Distraiu-se por um minuto e perdeu de vista a vítima. Desesperou-se, olhava para todos os lados e não mais o encontrava. Decidiu entrar em um local já conhecido, que ficava próximo, para tomar mais uma dose. Precisa resolver seus problemas um por vez, optou em atender aos chamados do vício.

A paciência dos seus verdugos havia se esgotado, estavam tão próximos e agora tão longe do alvo. Gritavam aos ouvidos de Jorge e gravavam no seu subconsciente palavras de baixas vibrações, que sugeriam autopunição e menosprezo pela própria vida. Era realmente intenso o processo obsessivo ao qual aquele rapaz estava passando.

Contiveram-se para não absorver as energias restantes do rapaz a ponto de incapacitá-lo para aquela missão, que deveria transcorrer sem erros. Seus verdugos resolveram tentar uma desesperada investida, temendo o fracasso iminente e as terríveis consequências junto ao líder do Clã. Convocaram uma legião de aproximadamente trezentos espíritos baixos e os puseram à caça da vítima, o encontro entre aqueles dois homens seria crucial ao plano das Serpentes Vermelhas.

O cidadão alemão foi localizado saindo de um restaurante próximo dali; fortes ondas de magnetismo o hipnotizaram ao limite máximo, logo, estava tudo preparado e correndo como o planejado. Ao passar diante do beco dos ratos o homem sentiu uma forte vertigem causada pelo ataque maciço da corja de vampiros, momento exato em que fora agarrado por Jorge e mais uma multidão de espíritos inferiores, que o agrediam das mais diversas formas. Jorge o sufocava; a vítima sentiu algo atingir fortemente na cabeça, perdendo a consciência. Desacordado, transformou-se em uma presa fácil aos desencarnados, tornando aquele ataque mais agressivo ainda, pois ao ficar inconsciente o seu perispírito também pôde ser subjugado no plano espiritual.

Sem levar nada, Jorge simplesmente desapareceu.

14 AS PISTAS

Marie Anne lembrou-se de uma conhecida com quem estudara em tempos de faculdade, que atualmente era secretária na embaixada alemã. Não podia perder tempo em pensar sobre tamanha coincidência. Talvez ela pudesse ajudar a ter acesso aos pertences do sujeito. Utilizou-se de algumas fontes até obter o número do telefone celular da moça e marcaram um encontro logo após a saída do trabalho, para melhor conversarem sobre aquele caso.

Encontraram-se na hora e local combinado. A secretária mostrava-se receosa em dar qualquer informação sobre o ocorrido. Ela não podia se dar ao luxo de perder aquele emprego e, com medo de se comprometer, desviava o rumo da conversa cada vez que Marie Anne tocava no assunto. Frederico mantinha-se em silêncio, até que pediu para tocar na aliança que a secretária usava como pingente, pendurado em uma corrente ao redor do pescoço. A moça achou aquele pedido muito estranho e demais inusitado, meio sem reação ouviu Marie Anne pedir que confiasse no companheiro.

- Esse objeto tem um valor sentimental muito expressivo, foi do seu casamento. A cerimônia foi realizada no campo, percebo o pastor abençoando o casal. Você estava radiante, com uma linda tiara cravada de pedras brilhosas que reluziam à luz solar, produzindo um efeito muito bonito mesmo. Vejo o seu rosto com feições alegres e muito joviais.

A moça estava boquiaberta e não conseguia encontrar palavras para falar qualquer coisa que fosse. Sabia que era impossível ele ter conhecimento de tais detalhes, até porque nunca o vira antes e seu casamento fora realizado com pouquíssimos convidados, somente os padrinhos, amigos mais íntimos e familiares próximos. Sem mencionar que fora realizado ao ar livre, no sítio da irmã.

Frederico continuou:

- Durou cerca de dois anos, até que um acidente em alto-mar os separou. Por tempos você continuou a usar a aliança na mão esquerda, mesmo sabendo que o marido não mais retornaria ao lar. Sua dor me comove muito, sinto o apertar do seu coração. Há mais ou menos duas semanas você decidiu retirar o anel do dedo anelar e usá-lo como adereço preso a esta corrente. Uma forma muito particular de não esquecer o passado e, ao mesmo tempo, uma tentativa de deixá-lo para trás.

Frederico manteve os olhos cerrados, e concentrado na leitura áurica daquele artefato, continuou descrevendo fatos ocorridos. Foi inevitável que a moça não se comovesse com tantas lembranças borbulhando em sua mente.

- Essa atitude de seguir em frente alegrou o seu ex-marido. Ele estava preocupado com você, temia que a depressão a derrubasse e a carregasse até o fim do poço. Ele está aqui ao nosso lado neste momento e pede para você não se deixar abater pela tristeza, diz que você deve viver intensamente; a missão dele em partes foi cumprida. Mas para que ele também possa ficar tranquilo, pede a você que volte a ter pensamentos positivos, volte sua visão para as coisas boas da vida, dedique-se ao bem, ajude o maior número de pessoas, pois a caridade bate diariamente na sua porta e você não está deixando-a entrar na sua vida. Ele se despede dizendo que na hora determinada por Deus, vocês se reencontrarão.

Tudo o que Frederico acabava de revelar foi algo muito impactante para aquela moça, que agradeceu a mensagem final, dizendo:

- Não sei nem como explicar-lhe o que sinto, tamanha a minha emoção, muito menos consigo entender o que acabou de acontecer aqui, só sei que voltei a me sentir viva e dona do meu próprio destino. Suas palavras me fortaleceram intimamente e estou decidida a ajudá-los como eu puder. Agora entendi por que você quer ver os objetos daquele homem que estão recolhidos lá na embaixada, acredito que realmente possa ser de grande valia para sua investigação, Marie Anne.

Combinada a hora e o local, a secretária de posse dos objetos encontrou-se com Fred e Marie Anne. Alegou que infelizmente eles teriam pouco tempo para psicometrar os artefatos, pois em trinta minutos ocorreria a troca de seguranças e não seria mais o seu primo que estaria na vigia dos objetos.

Frente a frente com os objetos: um relógio de grife, carteira, corrente com um adereço de ouro em formato de serpente com olhos vermelhos em rubi e a maleta, todos expostos numa mesa, em uma parte reservada do restaurante, ao lado da embaixada da Alemanha.

- Sem querer pressioná-lo Fred... mas não temos muito tempo.

- Calma, nem tudo aqui tem relevância para o que queremos. Sinto que além do conteúdo da maleta, somente o pingente de serpente tem importância para nós. Tomou a corrente e o adereço em formato de serpente em mãos...

- Foi um presente encomendado por um ser das trevas, uma forma de marcar seus súditos encarnados. O dono desse artefato, o alemão, faz parte de uma organização de seres que se encontram no além-túmulo, liderados por um espírito detentor de grande poder mental, hábil manipulador das mentes encarnadas e dos invigilantes desprovidos de conteúdos morais, e dominador de espíritos inferiores do plano extrafísico.

- Concentre-se, por favor, precisamos de mais pistas. Pediu quase implorando, Marie Anne.

- Antes de reencarnar, esse homem fazia parte de um grupo de espíritos muito inferiores moralmente, entretanto, possuía grande conhecimento das ciências ocultas do passado. Fazia parte de um Clã, intitulado de Serpentes Vermelhas, o que justifica o adereço que carrega consigo, não é? Sua missão na Terra, entre os vivos, era obter conhecimentos avançados e posição social destacada com influência suficiente para comandar dos bastidores o rumo da indústria farmacêutica. Em vida, esse homem fora o responsável por pesquisas e desenvolvimento de vírus letais e superbactérias. Agia de acordo com os interesses do líder maior do Clã, pois de lá partiam as principais instruções a serem seguidas. Possuía um vínculo muito íntimo com essa organização trevosa.

- O quê? Você tem certeza do que acaba de dizer?

- Plenamente, como você quer que uma indústria farmacêutica fature milhões e milhões de dólares se não mais existir doenças a serem medicadas? Sem problemas de saúde não existiria a venda de medicamentos, isto é tudo que consigo ler deste objeto.

- Passemos a outro então.

Dê-me a maleta, é a única que nos interessa agora.

- Mas ela está fechada e jamais teremos acesso ao conteúdo sem danificar o cadeado numérico de segurança da valise, e isso traria muitos problemas a nós.

- Não tem problema, confie em mim. Agora passe-me a maleta assim mesmo.

Com as duas mãos sobre o objeto, Frederico elevou ainda mais os seus pensamentos. Lembrou-se da carta que lera através da psicometria da espingarda antiga. Sabia que seria capaz de captar a essência do que estava guardado a sete chaves dentro daquela maleta.

- Vejo microchips, cada um contém partes de fórmulas químicas, resultantes de extensas pesquisas até então realizadas por ele. Por motivo de segurança, cada pecinha desta possui trechos incompletos dos experimentos, sinto como se fossem arquivos únicos, sem outras cópias existentes. Quando separados uns dos outros, nada significam, no entanto, quando reunidos todos juntos, são de assustadora revelação. A informação que eles contêm pode mudar o rumo da história atual da humanidade no que se refere a guerras biológicas, inserção de novas doenças e, principalmente, à cura de outras tantas já criadas pelo homem para sustentar a trilhonária indústria farmacêutica mundial.

- O que ele fazia com os microchips aqui no Brasil? Perguntou Marie Anne.

- Talvez não seja o momento oportuno para conhecer todas as respostas... não consigo mais avançar na leitura áurica deste conteúdo. Disse Frederico um tanto desapontado.

- Por que então ele foi atacado?

- Preciso tocar nele. Disse Frederico despertando do transe mediúnico que se encontrava.

O tempo deles já havia se esgotado. Imaginavam que o conteúdo que havia naquela valise era de valor jamais calculado por eles. Por bem e por precaução à própria vida, inclusive a da secretária que havia se arriscado para obter a maleta, devolveram os objetos, como combinado. Agradeceram e rumaram em disparada ao hospital.

15 LUZ SOBRE A ESCURIDÃO

O Senhor da Guerra remoia-se em sua sede de comando, localizada sob o árido deserto do Atacama, no Chile. Em sua mente sórdida pairavam devaneios sobre as possíveis investidas dos Mensageiros de Luz em seus domínios. Tinha plena ciência que após a determinação do excelso mestre Jesus, nenhum lugar nas trevas seria escuro o suficiente para se esconder da bendita luminosidade, emanada por aquele único e magnífico ser que ele respeitava. Nada poderia fazer, a não ser esperar a sucessão dos fatos. Avaliava o possível sucesso dos seus subalternos naquela última e desesperada investida, somente com a concretização total de seus planos poderia obter mais uma sobrevida para pensar, e até mesmo tentar alguma negociação em forma de moeda de troca. Assim ele acreditava piamente.

Marie Anne, usando de sua autoridade policial, facilmente conseguiu acesso ao local onde estava internado o cidadão alemão. Permanecia em estado de coma, e de acordo com os laudos que lera, sem muitas perspectivas de despertar desse estado.

Frederico ajeitou-se cuidadosamente ao lado da cama, fez uma breve oração, entrou em estado de transe mediúnico e colocou suas mãos sobre o peito da vítima. Relatou que suas primeiras impressões referiam-se aos traumas de infância daquele homem, oprimido pela rígida educação que recebera, assolado pela companhia dos verdugos que o vigiavam desde o nascimento; vivia no limite entre a sanidade e a loucura. A duras custas e utilizando-se de poderoso autodomínio mental, vencia todos os obstáculos à medida que surgiam em sua frente, além de manter íntima e constante ligação com o líder do Clã das Serpente Vermelhas.

Frederico prosseguiu:

- O motivo torpe que determinou o ataque a este homem partiu de uma mente há séculos conturbada por terríveis pesadelos de expurgo para outros orbes e obcecada pelo exercício de dominação e manipulação de mentes. Quando seu verdadeiro e único chefe percebeu que ele conseguiu montar o quebra-cabeça formado pelos microchips, sua sentença havia sido decretada, pois esse conhecimento poderia trazer riscos aos planos do Clã. De repente, tornou-se descartável por saber demais.

Marie Anne ainda perguntou:

- Quem cometeu o ataque a este homem?

- A pessoa que cometeu este crime não passava de uma marionete nas mãos das Serpentes Vermelhas. Foi uma presa fácil de controlar e assim como sua vítima, também era descartável.

- Onde ele encontra-se agora? Quem é ele? Consegue ver?

- O rapaz chama-se Jorge, e assim como a sua vítima, encontra-se em estado de quase morte. O mandante, advinha? O mesmo! Alguém que você jamais conseguirá prender.

- Não entendi direito, quem foi o mandachuva responsável por tudo isso?

- O legítimo mandante intitula-se "Senhor da Guerra".

Frederico fez breve pausa, como se estivesse a rastrear o paradeiro daquele ser.

- O Senhor da Guerra encontra-se fora do alcance da lei dos homens, pois vive em outra dimensão espiritual, senhor de vasto domínio sombrio. Resta-nos somente rezar pelas providências divinas e à intercessão dos espíritos luminosos; nada mais nos resta a fazer.

- E o presidente da indústria farmacêutica não tem nenhuma ligação com tudo isso?

- Tem sim, ele é um homem misterioso, quase nunca é visto e possui uma habilidade rara, capaz de aparecer em qualquer lugar e sumir de repente, sem deixar rastros.

- Explique melhor. Falou Marie Anne, muito confusa.

Frederico recebia passes magnéticos longitudinais no seu centro coronário pelos amigos espirituais Gustavo e Nellys, desta forma, desencadearam um transe mediúnico mais profundo, capaz de expandir a percepção sensorial do médium.

- Ambos são o mesmo ser. Aquele trevoso líder absoluto das Serpentes Vermelhas é o mesmo que assume a responsabilidade de determinar o rumo das pesquisas e áreas de atuação da indústria, ao seu bel prazer e interesse. As experiências por ele ordenadas ultrapassam em muito a ética científica. Deixe-me explicar melhor.

Agora o médium também recebia o auxílio do nobre mentor Ângelus, que mentalmente orientava-o a melhor compreender as imagens que captava e explicar com mais clareza.

- Por um curto período de tempo o Senhor da Guerra consegue se materializar exatamente à semelhança do verdadeiro presidente da indústria farmacêutica e circular no alto escalão da empresa. O homem também é mais uma marionete nos planos dele, assim como Jorge e este alemão aqui, todos sob impressionante controle mental, a forma mais complexa de obsessão e subjugação do ser. Nada mais consigo revelar aqui.

Despertou do transe e olhou para Marie Anne em silêncio para absorverem melhor o ocorrido.

No outro canto da cidade, Jorge estava praticamente sem vida, até que um pedestre motivado pela compaixão àquele moribundo caído sobre a vegetação em um terreno baldio, ligou para o socorro.

Mas de fato, o socorro já estava ali, a ajuda que ele mais necessitava já estava ao lado dele, sua mãe Maria, desencarnada há quinze anos, orava com muita fé pelo filho amado. Independente do caminho que ele andou, a mãezinha jamais deixou de tentar de tudo para vê-lo fazendo o bem. Ela não estava sozinha ali, junto dela havia um espírito muito especial que também emanava vibrações salutares ao rapaz, que permanecia inconsciente de tudo. Visavam reconstituir o que era possível da saúde psíquica dele.

Pai Joaquim, amoroso como sempre, possuidor de olhar sereno e piedoso estava lá, doando-se de coração àquele que poucos dariam importância, marginalizado pela sociedade, rejeitado por seu pai biológico, mas nunca desamparado pelos benfeitores enviados pelo nosso bom Deus.

Jorge foi levado ao hospital acompanhado de sua mãe e Pai Joaquim, ironias do destino, o mesmo hospital que estava o alemão em coma, ambos em estado vegetativo, sem esperanças médicas de melhoras.

Ângelus, abraçado ao Pai Joaquim, disse:

- Meu bom e velho amigo, o momento que nosso mestre Jesus anunciou há quase dois mil anos atrás, chegou!

- Sim, eu bem o sei. Por isso novamente estamos reunidos aqui, meu amigo. Nossa tarefa ficará muito mais intensa e perigosa de agora em diante. Muito há o que ser feito em prol de inúmeros irmãos que ainda frequentam os charcos umbralinos. Com fé na proteção divina obteremos força para cumprir com o nosso dever de amor a todos os nossos irmãos em sofrimento.

Para variar, Gustavo já os olhava com interrogações nos olhos e na ponta da língua. Antes mesmo de pronunciar qualquer palavra, Pai Joaquim se manifestou:

- Meu filho, chegou o dia de levarmos a Divina Luz aos recônditos mais profundos das sombras!

POSFÁCIO – Palavras do autor

Durante a psicografia deste livro, passei por momentos de grande ansiedade ao pensar nas dificuldades encontradas até agora, pois como autor independente, cabe a mim a responsabilidade de escrever, editar, revisar e distribuir os exemplares, esta última, considero a parte mais difícil. Literalmente é um trabalho de formiguinha, o qual faço com o maior prazer, apesar do desgaste energético que essa tarefa causa.

Assim como todo pai, vejo os livros como filhos que precisam andar por si mesmos. Meu desejo mais sincero é que eles ganhem o Brasil inteiro, porém, por algumas vezes o desânimo me alcançou e numa dessas ocasiões, pedi uma luz aos mentores da obra, roguei que me orientassem como proceder da melhor forma. Segue abaixo uma mensagem que me motivou bastante para seguir em frente:

"Não entendo o motivo do teu desânimo, está tudo em tuas mãos. Tens saúde, trabalho e uma família maravilhosa... estás a reclamar do que? Teus amigos aqui deste lado zelam por ti vinte e quatro horas constantes. Tens muito o que fazer ainda! Fazemos parte de uma equipe de luz que necessita de médiuns determinados à cumprir as orientações do Mundo Maior, não penses em desanimar no meio do caminho. Ainda há muitos sofredores que precisam de amparo, na mesma proporção, há mentes que necessitam de esclarecimentos para vencer as trevas que subjugam a força de vontade dos seres. Tuas obras, não és tu quem as realiza, mas sim Deus Pai, que age por intermédio de tuas mãos. Um foco de luz na escuridão, isso é tudo o que precisamos. Compreendas isso como um pedido para seguir adiante. O plano já está concretizado, basta segui-lo.

Não te prendas às preocupações desgastantes, cada obra já tem um leitor determinado. Nunca ninguém te prometeu um céu de facilidades, bem... isso tu já imaginavas. Chegou o momento de erguer a cabeça e recomeçar a caminhada de onde tu paraste, sem titubear na melhor escolha a ser feita. Quando estiveres em dúvida se estás amparado pela espiritualidade superior, paras por um instante e olhas ao teu redor, deixa que as boas vibrações daqueles que executam a vontade do Divino Mestre te envolvam.

Lembra-te ainda, que a vaidade pode cegar o homem, assim como a fé raciocinada eleva o espírito ao patamar das consciências sensatas, que não se deixam levar por palavras vazias de lógicas e sentimentos. Deixa-te tocar pelo Mestre Jesus e segue sempre com Ele, rumo à luz. Na hora apropriada, tudo será melhor explicado. Por enquanto, trabalhe e persista na fé. Nunca duvide, há pouco tu obtiveste uma prova de que não estás desamparado... tu bem o sabes".

Em referência a esta última frase, a mentora menciona o apoio financeiro da Fundação Cultural de Lages, pois sem esta verba "O Despertar" não seria publicado em edição impressa. Posso dizer que em relação a isso a espiritualidade proporcionou encontros inusitados que nos levaram ao patrocínio quase integral desta publicação.

Aos amigos leitores, deixo o meu mais honesto agradecimento.

José B. Cavalcante de O. Maia

SOBRE O AUTOR:

José B. Cavalcante de O. Maia é turismólogo (Univali) e bacharel em Optometria (UNC).

Autor de diversas obras mediúnicas, é um grande apaixonado pela Doutrina Espírita desde a adolescência.

Atualmente dedica-se ao estudo da Psicoterapia Reencarnacionista (ABPR) e também à pratica e ao estudo do Espiritismo no Grupo Espírita Ramatís, em Lages SC, onde tem seu foco voltado para o exercício da Apometria.

OUTRAS OBRAS DO AUTOR:

COLEÇÃO PAI JOÃO:

Nesta série o nobre e bondoso espírito Pai João aborda temas que tocam profundamente na alma dos leitores, nos fornece mais que conselhos, são orientações claras e honestas que nos conduzem à reflexão e instigam a mais importante das mudanças, a nossa reforma interior.

Volume I

Volume II

181

TRILOGIA SINAIS DOS TEMPOS:

Esta coleção o leitor tem a oportunidade de descobrir o que o Mundo Maior anda fazendo para conter o avanço sombrio do Clã das Serpentes Vermelhas. Todos os recursos estão sendo utilizados nesta luta entre o bem e o mal. De um lado, obsessões complexas. Do outro, médiuns, apometria, psicometria e muita abnegação dos trabalhadores da seara luminosa.

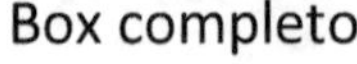

Box completo

Volume III

Volume II   Volume I

ROMANCES:

Um encontro de almas gêmeas.
Ela, uma prisioneira judia. Ele, um soldado alemão.
Separados por muros e grades, mas unidos pelos
laços do eterno amor.
Descubra o destino que o Mundo Maior
providenciou para Anna e Dimitri.

Dias de amor e glória

Relato emocionante e comovente de um jovem que desencarnou por overdose. Revela a situação daqueles que estagiam do outro lado da vida na situação de dependentes químicos, ou seja, tornam-se espíritos obsessores. Este romance proporciona a visão de que nada é ao acaso, e pessoas especiais cruzam a vida deste jovem, resgatando dívidas do passado ao ajudá-lo. Surpreenda-se com a obra "Minha vida além da minha vida".

Minha vida além da minha vida

Em um mundo onde as relações afetivas têm se tornado cada vez mais fúteis e frágeis, repletas de superficialidades nas palavras vazias, trocadas insistentemente através das redes sociais, acabam por gerar uma maior sensação de angustiosa frustração psicoafetiva nos seres humanos. Roberta sentia-se assim, linda por fora, porém, vazia em seu interior e entre resgates cármicos e situações inusitadas, deparou-se em um consultório de Psicoterapia Reencarnacionista revendo fatos vivenciados em vidas passadas através da regressão terapêutica. E o resultado do desligamento das situações traumáticas das vidas anteriores? Descubra ao contagiar-se neste envolvente romance mediúnico. Sua vida jamais será a mesma.

Essencialmente amor

MENSAGENS:

"Mensagens de luz e reflexões diárias. Palavras que servem de bálsamo ao espírito, aconchego ao corpo e paz para a mente. Inspira-te!'.

INSPIRA-TE

Os entes queridos que desencarnaram querem se comunicar. Entre tantas CARTAS DO ALÉM, certamente, uma delas é destinada a você.

PARA ACOMPANHAR NOVIDADES SOBRE AS OBRAS DE:

JOSÉ B. CAVALCANTE DE O. MAIA

ACESSE:

WWW.JMAIA.ORG

e- mail: jmaia77@hotmail.com

www.ingramcontent.com/pod-product-compliance
Lightning Source LLC
La Vergne TN
LVHW011011200726
843509LV00011B/1053